AF269787

TAGueada

Título original: TAGuée
© Emmanuel Lauzon
Editor original: Les Éditions de Mortagne,
Boucherville, Québec, Canada

TAGueada
ISBN: 978-607-748-180-5
1ª edición: marzo de 2019

Diseño de portada: Karina Flores

Impreso en Litográfica Ingramex S.A. de C.V.
Centeno 162-1, Col. Granjas Esmeralda,
CDMX, 09810, México

Impreso en México – *Printed in Mexico*

Emmanuel Lauzon

TAGueada

Para Karolane, quien me ayudó
a entender que vivir en pareja
significa, primero que nada,
formar parte de un equipo.

Muy pronto seremos tres en este
equipo, y no hubiera podido
imaginar una mejor compañera
con la cual escribir lo que será la
historia más bella de mi vida.

Es tu vida, es tu lucha. ¡Es tu guerra interna!

La guerra interna

JESSE BARNETT *(Aférrate a tus principios)*

CAPÍTULO 1

—Vamos a poner la casa en venta, Charlie, me dice Nathalie con su cara de puta-pendeja.

Un día como hoy dentro de tres meses, hará tres años de que mi padre biológico se quitó la vida. ¡Y es el momento que eligen para una mudanza! "Ellos" son Christian y Nathalie, mis tutores. Después de la tragedia, la dirección de protección de los jóvenes buscó a algún miembro de mi familia que quisiera hacerse cargo de mí, pero, ante la falta de candidatos, un juez decidió enviarme a un centro juvenil mientras me encontraban un hogar. Desarrollé una depresión y tuve que tomar antidepresivos durante un año y medio, y debido a mi estado psicológico, mi desempeño académico bajó considerablemente. Me sacaron de la escuela dos meses antes de que terminara el ciclo escolar, lo cual me obligó a repetir el año. Hace dos años que vivo con una pareja de cuarenta y tantos años de edad y empiezo a acostumbrarme. Más bien a conformarme.

Mi pseudofamilia me da lo que necesito y soporta mis cambios de humor que, afortunadamente, son cada vez menos frecuentes. Christian es mi favorito (aunque tiene carácter un poco débil). En cuanto a Nathalie, su esposa, me parece que es una hipócrita. Siempre es súper amable conmigo, pero estoy segura de que, en el fondo, no me quiere. Ese tipo de cosas se sienten. Se me hace que es muy superficial. A veces me pregunto si no está con su marido solo porque gana mucho dinero con su negocio de artículos deportivos. Estoy segura de que lo engaña cada vez que puede. Parece una verdadera puta con su ropa cara, pero aparenta ser muy mojigata. Por eso la llamo la "puta-pendeja". Eso me calma. Me ayuda a canalizar mi rabia. Además, me parece que tiene algo de poético. No sé nada de poesía, pero está bien.

Cuando se acerca la fecha del aniversario de la muerte de mi padre, me vuelvo más frágil. Al ver que en esta época del año me pongo más ansiosa y agitada, mi psicóloga me propuso transformar esta energía negativa en algo constructivo y de valor. Luego de revisar las actividades que podrían interesarme, nos decidimos por las percusiones. Entonces pedí a Christian y a Nathalie que si podían comprarme una batería. Al principio no les gustó mucho la idea, pero mis argumentos sólidos y la opinión de un profesional que lo recomendaba como "terapia", pusieron fin a sus dudas.

No sé si tengo talento para el ritmo, pero lo que sí sé es que soy, digamos… muy intensa. En tan solo seis meses, ya rompí tres parches de mis tambores, de los cuales, dos tan solo en la última semana. Estaba hipersensible por el macabro aniversario que se avecina. Pero ahora, la noticia que acaban de darme mis tutores, ¡es la gota que derramó el vaso!

—¿Vender la casa? Eh… ¿A dónde vamos a ir?

—Acabamos de hacer una oferta condicionada a la venta para comprar una propiedad en Saint-Bruno-de-Montarville, al sur de Montreal.

—¿¡Y no se les ocurrió consultarlo conmigo, maldita sea!?

—Va a ser más cómodo para Christian, va a estar más cerca de la tienda…

—¿Y en qué me va a hacer la vida más fácil a mí?

—Tal vez para ti no sea tan evidente, pero hay…

—¡Tú no sabes lo que es evidente o no para mí! ¡Vete al carajo, cerda estúpida!

Simplemente se me salió. Hasta ese instante, siempre había logrado guardar esos insultos en mi cabeza. Pero fueron muchas emociones juntas. Corro a encerrarme en mi habitación. Para llorar, para gritar, para pegarle a mi almohada. Tocar la batería no me ayudaría en este momento. Mi furia y mi tristeza generan en mí una energía demasiado caótica para que sea capaz de formar un ritmo. Por un segundo, pienso en agarrar la silla de mi escritorio y estrellarla contra el muro hasta que vuele en pedacitos (o hasta que atraviese el yeso, en el peor de los casos…). Por suerte, logro detenerme. Me tranquiliza saber que soy capaz de mantener el control de mí misma. Ellos me dan cierta seguridad; me hubiera sentido muy mal si hubiera mordido la mano que me da de comer. Sí, es una expresión muy rara para referirse a sus "padres", pero así es como me siento: como un animal. Pero bueno, aunque estoy enojada con ellos, son los mejores-menos-peores tutores que he tenido. Entonces, antes de destrozar todo, lloro y golpeo mi almohada hasta que me duelen los nudillos.

Me llamo Charlie Pépin (que quiere decir falla, problema o algo malo) y nací en una familia disfuncional. Mi madre era una alcohólica depresiva y mi padre debió haberla dejado antes de que fuera demasiado tarde. Digamos que mi apellido me queda bien. Aunque debería de escribirse en plural.

Mi comportamiento me costó una visita con la trabajadora social… y otra con el médico. Desde que entré a su consultorio hace apenas cinco minutos, empezó a bombardearme con preguntas sobre mi estado de ánimo y utilizó dos veces el término "salud mental". Yo sé que estoy loca; ¡no necesitan recordármelo todo el tiempo!

—¿Podría decirme a dónde quiere llegar? pregunto impaciente.

—Todavía es un poco prematuro para dar mi opinión, pero creo que deberíamos de explorar la pista de un trastorno de ansiedad generalizada.

—¿Qué?

—Tus crisis, tu irritabilidad, tu humor, tu angustia... todo eso se parece a un trastorno de ansiedad. Si se convierte en un obstáculo para tu vida, tal vez tengamos que ir más lejos para tener un diagnóstico y encontrar los medios para ayudarte.

—¡No hay forma de que vuelva a tomar antidepresivos!

—Entiendo tu resistencia y no es lo que yo recomendaría por el momento. Eso sería una solución de último recurso. Te propongo que volvamos a vernos dentro de unos cuantos meses para determinar si tu estado es solo circunstancial. De aquí a entonces, podría recetarte una pequeña dosis de ansiolíticos para que tomes solo en caso necesario o en una crisis.

—¿Qué es un ansiolítico?

—Ansiolítico. Es simplemente un calmante. Te ayudará a controlarte cuando te invadan las preocupaciones o el estrés.

No sé si mi estado es "circunstancial", como él dice, pero una cosa sí es segura: esta maldita mudanza me enferma y llega en el peor momento posible. De por sí, en esta época del año, tiendo a encerrarme en mí misma y a ser más inestable en el plano emocional. Contrariamente a lo que piensa mi familia artificial, no es la pérdida de mis amigas lo que me molesta tanto. Ni siquiera tengo verdaderas amigas. Tengo el tipo de amigas con las que paso el tiempo y con las que como en la escuela, pero casi nunca las he visto por fuera. Y definitivamente es mejor así: mientras menos construya relaciones, menos me encariño. Lo que me estresa de mudarnos, en el fondo, es que no tengo ganas de vivir en la tranquilidad de un barrio residencial. En las grandes ciudades, siempre hay ruido, cosas qué hacer, movimiento. El caos me distrae, me ayuda a no pensar demasiado. El silencio y la tranquilidad de lugares como Saint-Bruno me angustian. ¡Pero no hay mucho que pueda hacer de todas formas!

—¿Voy a tener que tomar estas píldoras por muchos años?

—Para nada, al contrario. Una al día y máximo dos, o idealmente ninguna si no la necesitas. De hecho, solo te voy a recetar 14 pastillas porque crean una fuerte dependencia… y también te pueden causar sueño.

Salgo del consultorio del doctor con una receta. Estoy más confundida que antes de entrar. El tiempo me dirá si de verdad sufro de ese famoso trastorno de ansiedad o si mis angustias solo son pasajeras…

T

La oferta de la compra de la casa fue aceptada. La casa de Montreal todavía no se vende, pero Christian dice que solo es cuestión de tiempo. Mis tutores han decidido mandarme a la nueva escuela desde ahora, que es septiembre, para limitar los cambios bruscos en mi vida. Limitar los cambios bruscos, ¡al diablo! ¡Arrancar a alguien de su entorno es la mejor forma de desestabilizarlo! Mi psicóloga trata de ayudarme a ver el lado bueno de la situación, pero casi no lo logro. A mi manera de verlo, el único aspecto positivo de esta mudanza a las afueras de la ciudad es que podré tocar batería como loca sin que los vecinos se quejen. De hecho, creo que todos los tambores que voy a romper les costarán caros a mis papás adoptivos.

Hoy es mi primer día de escuela. Parezco una muerta viviente, ya que la angustia de entrar a la nueva escuela me ha dejado varias noches sin dormir. En cuanto cerraba los ojos, todo tipo de pensamientos negativos llegaban a mi mente: "¿Y si no puedo hacer amigos? ¿Si me pongo a temblar o a balbucear delante de todo el salón durante un examen oral? ¿O si se burlarán de mí por el barro que me salió en la cara? ¿Y si me tropiezo en la clase de deportes y la chica más popular del grupo me hace quedar en ridículo?" Ayer en la noche, luego de una crisis, Christian y Nathalie me convencieron de tomar un ansiolítico para que pudiera dormir y estuviera más tranquila en la mañana. El efecto del medicamento fue fulminante. Solo treinta minutos después de tomarlo, sentí un cansancio enorme. Ya casi estaba dormida antes de poner la cabeza en la almohada. Me costó muchísimo trabajo despertar en la mañana, pero Christian insistió tanto que me sacó de mi coma matutino. Y como no hay autobús escolar desde Montreal hasta la nueva escuela de Saint-Bruno-de-Montarville, tendrá que llevarme todas las mañanas antes de ir a su trabajo. ¡Es su problema!

Una hora de camino (de embotellamiento, sobre todo) más tarde, conozco la escuela secundaria más fea del mundo. ¿A quién se le pudo ocurrir pintar una escuela de usos múltiples color amarillo pollo? Me siento en la banqueta a ver pasar el tiempo. El lugar está desierto. Es normal, las clases empiezan dentro de cuarenta y cinco minutos. ¡De verdad parezco una chava que no tiene vida propia y que estuvo todo el verano esperando el regreso a clases! Suerte que todavía siento un poco el efecto del medicamento porque, en el fondo, estoy aterrorizada. Los alumnos empiezan a llegar poco a poco y forman pequeños grupos. Los que están más lejos de la puerta principal se distinguen por su actitud de supuestos chavos rebeldes. Tratan de demostrarlo hablando fuerte, insultando a sus amigos y fastidiando. También apesta fuertísimo a marihuana. Eso no me molesta para nada, al contrario. Es un olor que conozco muy bien. Siempre había una pandilla de adolescentes que fumaban en el parque detrás de mi casa, cuando era chica.

Entre el grupo más cercano, veo a una chica que parece de mi edad y que me mira. Como alumna de nuevo ingreso, seguramente seré el blanco de las miradas por algunos días o quizás semanas. Veo hacia otro lado para evitar hacer contacto con ella. No estoy lista para socializar. Necesito domesticar mi nuevo medio ambiente.

Y ya que no tengo ningún lugar a dónde ir ni ninguna amiga con la cual reunirme, sigo observando el terreno de la escuela que se va llenando de estudiantes hasta que suena la campana.

T

Grupo 402. Será un poco como mi matrícula para el resto del año escolar. Después de tres clases, ninguno de mis veintiocho compañeros se ha acercado a hablarme. Sin embargo, como lo había anticipado, la mayoría de los miembros del grupo ya me revisó de pies a cabeza. Algunos individuos pusieron cara de sorpresa en la primera hora, cuando el señor Hamel, el maestro de francés, pronunció mi nombre cuando pasaba lista. "¡Pues sí, bola de idiotas! ¡Charlie también es nombre de niña!" me imaginé gritándoles a todos en la cara.

Me paso casi toda la hora de la comida caminando por las calles alrededor de la escuela. Prefiero ser discreta mientras me acostumbro a mi nuevo ambiente. Mi siguiente clase empieza en veinte minutos, pero llego temprano en caso de que el profesor ya esté allí. Me inscribí a clase de música para poder dedicar la mayoría del tiempo a la batería.

— Buenos días, ¿señora… Nadon?

—Así es, ¿buscas algo?

—Es que no tenía nada que hacer y decidí llegar temprano a su clase.

—De acuerdo. Bien, puedes sentarte si quieres.

—¿Segura no le molesta?

—¡No, no! es solo que me sorprende. Es bastante raro que los alumnos lleguen veinte minutos antes de que empiece la clase.

—Es que… me preguntaba si podía tocar un poco los tambores.

—Hmm… ¿ya has tocado percusiones?

—Sí, sí, tengo una batería en casa. Pero no soy muy buena. Nunca he tomado clases.

—¡Eres autodidacta!

—¿Qué?

—Autodidacta. Quiere decir que aprendes tú sola, sin la ayuda de nadie.

—¡Ah! Tal vez…

—Bueno, muy bien. Puedes ir a sentarte en la batería. Me gustaría escucharte.

Es la primera vez que alguien va a oírme tocar, aparte de Christian y Nathalie. Es tonto, pero me angustia. Dudo. ¿Y si la señora Nadon piensa que soy mala? ¿Por qué tengo miedo de lo que piense? ¡Ni siquiera la conozco! Tal vez tengo miedo de lo que piensen todos. Siento que hago todo mal. Tocar la batería me hace bien, me tranquiliza. El problema es que verdaderamente no tengo ganas de que me critiquen.

—Pff… finalmente no tengo tantas ganas.

—No hay problema, tengo que ir a la oficina unos minutos. Puedes quedarte aquí.

Aprovecho su ausencia para observar el salón. O, más bien, para analizarlo. Mi reacción es imaginar escenas que podrían ocurrir en el futuro. Es más fuerte que yo. Es como si buscara estar preparada ante cualquier eventualidad. Mi psicóloga me dice que es un mecanismo de defensa.

De pronto, mi corazón late más de prisa. Me siento lejos de casa. El rostro de mi padre me viene a la mente.

Lo echo de menos. Creo que también echo de menos a mi madre. Tengo dificultades para respirar. La cabeza me da vueltas. Estoy a punto de caer en un ataque de pánico. Busco en mi *back-pack* mis calmantes, pero me doy cuenta que los dejé en casa esta mañana. Inconscientemente me dirijo hacia la batería y me siento en el banco. Me agarro de un tambor por si llego a perder la consciencia. Inspiro profundamente algunas veces… y por fin logro evitar la crisis.

Fijo la vista en el piso y espero unos segundos más antes de moverme para poder recuperarme. Veo unos pasadores tirados en el suelo. Espontáneamente me estiro para agarrarlos y luego me pongo a golpear los tambores. Al principio me falta un poco de constancia y de fuerza, pero luego de uno o dos minutos, siento que recupero el control de mi cabeza. Ejecuto un ritmo rápido e intenso: un *blast beat*, como dirían los "metaleros".

No sé cuánto tiempo llevo tocando, pero me detengo de pronto al ver que alguien me observa.

—*¡Fucking shit!* ¡Estás enferma! dice una chica.
—¿De qué hablas? respondo un poco a la defensiva.
—¡Pues… a la batería! ¡En verdad eres buena!
—¿Te parece?
—Volviste a entrar en ritmo y luego sonó muy bien.
—Sí… supongo que no soy mala. De todas formas, gracias.

Confieso que es la primera vez en mi vida que recibo un cumplido que me parece sincero. No creo tener tanto talento como pretende esta chica, sin embargo, me convence de que ella así lo cree.

—¿Eres nueva?

—Sí. Es la primera vez que pongo mis pies en Saint-Bruno.

—¿Te acabas de mudar?

—Por ahora vivo en Montreal. Mis tut… mis padres acaban de hacer una oferta de compra para una casa en Saint-Bruno, pero la de Montreal todavía no se vende. Entonces empiezo aquí el año escolar mientras que nos mudamos.

—*Cool*. Por cierto, soy Marie-Joëlle.

—Yo soy Charlie.

El salón empieza a llenarse y reconozco algunas caras del grupo 402. La mayoría de los alumnos me ignoran, seguramente están demasiado ocupados hablando entre ellos. Decido ir a sentarme y veo que Marie-Joëlle me sigue. Se atreve incluso a sentarse junto a mí. Tal vez los "Brunos" no son tan engreídos como pensaba, finalmente… el gentilicio para los residentes de Saint-Bruno-de-Montarville es Montarvillenses, pero a mí me parece que "Brunos" les queda mejor, porque están llenos de mierda. En fin, parece que Marie-Joëlle quiere ser mi amiga. Yo no soy realmente de las que hacen relaciones nuevas así nada más, por un golpe del destino, pero bueno. Hace no tanto tiempo hubiera estado completamente cerrada a esa idea. Pero, hoy me sorprendo a mí misma porque tengo ganas de integrarme. No quiero llevar la etiqueta de la chica-nueva-solitaria-un-poco-rara. Además, Marie-Joëlle parece bastante simpática. A primera vista, tengo la impresión de que nuestros caracteres pueden ser compatibles: parece bastante tranquila (la gente así me calma), se viste con estilo, pero su *look* es casual y a la vez, a pesar de su impresionante belleza de rubia con ojos azules, no parece ser nada presumida. Ya veremos si podemos entendernos, pero, por el momento, decido darle una oportunidad.

¿O quizá me estoy dando la oportunidad a mí misma?

CAPÍTULO 2

La escuela empezó hace dos semanas y, extrañamente, me adapto con menos dificultades de las que hubiera imaginado. Marie-Joëlle me presentó con su grupo de amigos, la mayoría son chicos. Dice que ya se acostó con tres de ellos. Qué raro, no pensé que fuera así. Cuando la conocí, yo hubiera jurado que era virgen.

—Ando con un nuevo chico desde hace tres semanas, me dice mientras caminamos por el pasillo hacia nuestras respectivas clases.

—¡*Nice*!

—Solo hay una cosita.

—¿Qué tipo de cosita?

—Del tipo que es Rémi…

—¿El novio de Aude? ¡Pues ellos todavía están juntos!

—Ya sé, pero me dice que ya van a terminar.

—¿Hace cuánto que te dijo eso?

—Dos semanas.

—De todas formas, tú sabrás. Pero arregla las cosas para que no te hagan estupideces.

Nos despedimos y quedamos de vernos en el descanso. Mi maestra de ética y cultura religiosa comienza la clase presentándonos a un invitado, un hombre de treinta y tantos años que viene a exponer un proyecto. Señala que la actividad no forma parte del curso y que no será calificada. Sin embargo, nos dice que, aquellos que se inscriban podrán trabajar en él dentro del horario de clases.

—¡Hola! nos dice con un tono un poco demasiado dinámico para mi gusto, en este lunes por la mañana. Me llamo Stéphane y soy el encargado de organizar actividades sociales, culturales y deportivas para el CHSLD regional. ¿Alguien sabe lo que quiere decir?

—¡Centro de albergue y cuidados de larga duración! (albergues para adultos mayores) responde la chica que se sienta frente a mí con un orgullo totalmente injustificado.

¡Definitivamente, hoy es el día internacional de la motivación! Luego de felicitar a la chica con demasiado entusiasmo, el querido Stéphane nos explica su proyecto de mensajeros intergeneracionales. En resumen, se trata de establecer correspondencia con los adultos mayores del centro, con el fin de favorecer los intercambios y reducir los prejuicios entre las generaciones. Confieso que no me molesta la idea. Además, podría hacerlo en el horario de clases.

—Tienen hasta el viernes para inscribirse con su profesor. Ahora, me gustaría saber lo que piensan acerca de los adultos mayores. ¡Díganme la primera palabra que les venga a la mente! Sin censura. Esa es la finalidad del ejercicio.

No sé bien qué espera, pero ante tal libertad de expresión, sobre todo a principios del ciclo escolar, cuando muchos de los alumnos solo buscan llamar la atención, es evidente que le van a llover idioteces. De hecho, es un festival de prejuicios: "¡Papillas!", "¡Dentaduras!", "¡Cagaderas!" …

—¡Soledad! digo tratando de ayudar un poco al pobre Stéphane, quien acaba de comprender su error.
—¡Peste! ¡Huelen a pañales! grita un idiota desde el fondo del salón.

La mayoría de los alumnos sueltan una carcajada. Es más fuerte que yo, se me sale… otra vez.

—¡Tú apestas, imbécil!!! ¡Eres un retrasado mental! ¡¿Tus padres no te enseñaron nada, o qué?!

No pude controlarme. De hecho, sí pude un poco. Si no, lo hubiera agarrado de los pelos y le habría metido la cabeza en una montaña de sus propios excrementos. ¡Cretino irrespetuoso!

A pesar de mis esfuerzos, no manejé eficazmente mis emociones. Al menos soy consciente de eso. El mundo está lleno de imbéciles, y son felices porque no saben que lo son. Yo soy una súper loca, ¡pero lo sé! Es mejor que nada.

Estar consciente de la gravedad de mi reacción no me impide meterme en problemas. Decido tomar la delantera y expulsarme yo misma de la clase.

—¡Ah, y de paso, me inscribo a la actividad! ¡Tal vez le va a hacer bien a "mi" adulto mayor ver que no todos los jóvenes lo tratan como una mierda!

T

¡¿Pero qué me pasó?! Yo que tenía miedo de no poder hacer amigos, me las acabo de arreglar para lograr justo eso. Mi psicóloga ya me había dicho que tengo cierta tendencia al auto-sabotaje. Es decir, a hacer cosas que me impiden obtener lo que realmente quiero, antes de que alguien más lo haga por mí. Ella piensa que ese comportamiento probablemente se atribuye a mi miedo a ser lastimada, rechazada o abandonada.

Sentada frente a la entrada principal, espero nerviosamente a que termine la clase para que Marie-Joëlle venga a reunirse conmigo. Todo está en paz hasta que una voz, salida de la nada, me hace dar un brinco.

—¿No está en clase, señorita?

Es Alain, el supervisor de la escuela. Su manera escurridiza de sorprender a los alumnos le ha valido el apodo de Alain Provista. Debo confesar que me pareció gracioso la primera vez que lo escuché. Sabe que le dicen así y lo acepta… incluso parece que le gusta. Marie-Joëlle me ha contado que es bastante *cool* y que los alumnos lo aprecian. Salvo aquellos que fuman marihuana en la escuela. Para eso hay tolerancia cero y él debe llamar a la policía cuando sorprende a jóvenes que lo hacen.

—No. Es que… me dolía el estómago y salí a tomar un poco de aire.

—No vale la pena mentir, Charlie. Acabo de hablar con tu profesora de ética. Tu reacción quizá fue un poco… intensa, pero le parece que no estuvo del todo equivocada. De hecho, los que dijeron tonterías tendrán que participar a fuerza en la actividad. Y tú tendrás que hablar con Samuel, al que le dijiste que era un… ¿cómo fue?

—No sé bien… retrasado mental, cero.

—Sí, algo así. Bueno, tómate un tiempo para tranquilizarte, pero no te quedes aquí. Ve a la cafetería o a caminar.

—Ok, voy a caminar un poco.

Lo confirmo: ¡el señor Provista es muy amable! Aprovecho el resto de la hora para conocer un poco la zona. Mis ojos observan el escenario suburbano, pero en realidad yo no pongo mucha atención. Estoy demasiado ocupada preguntándome si acabo de cometer suicidio social con esta crisis. A las doce y cinco, recibo un mensaje que acelera mi angustia:

"¿En dónde estás? Parece que te volviste loca en clase. Ven a la cafetería, quiero saber qué pasó."

¡Mierda! Ya empezó a correr el chisme. Estoy jodida. De aquí al final del día, voy a ser la loca de la escuela. Apenas llevo dos semanas de clases y ya conseguí que la mayoría de los alumnos estén en mi contra.

"Pff, no tengo ganas de que me fastidien. Seguro todos me odian, ahora…"

"No tanto. Alguien hasta se fijó en ti. Ven a verme a la puerta C."

"¿Eh? ¿WTF? Ok, voy."

¿Alguien se fijó en mí? No tengo ningún recuerdo, en toda la escuela primaria, de haber llamado la atención de nadie. Eso cambió un poco en la secundaria cuando empezaron a crecerme los senos. Fui la primera de mi clase que se desarrolló, y eso atrajo la atención de algunas miradas hacia mi escote, pero aparte de eso, nada. Hoy traigo una sudadera de algodón con capucha; seguramente no fue mi escote lo que sedujo a la persona en cuestión. Quedan tres posibilidades: a ese chico le gustan las locas, le parezco bonita, quiere molestarme. Opto por la tercera opción, prefiero no hacerme falsas esperanzas. Seguramente soy víctima de una broma. Tal vez hasta Marie-Joëlle está involucrada. Después de todo, solo la conozco hace dos semanas. ¡Detesto a estos Brunos! ¡Son una bola de niños ricos que se creen con derecho a todo! Seguro todos se están riendo de mí en este momento. Puedo verlos en la cafetería imitándome, tratándome como idiota, loca, histérica. Ya no quiero seguir en esta escuela. Le voy a pedir a Christian que me cambie. Escuché que hay otra en Sainte-Julie, justo al lado. El problema es que el mismo *patrón* se va a repetir allí. Voy a acabar por hacer un…

—¡CIERRA LA BOCA, CHARLIE!!! me grito a mí misma.

Tengo problemas para respirar. Creo recuperar el control de mis pensamientos. Voy directo a una crisis de pánico. Meto la mano en mi *back-pack* y saco mis calmantes. Esas ideas son irracionales, tengo que tranquilizarme, seguramente todo esto solo está en mi mente. Me tomo mi pastilla, me siento en la banqueta y pongo la cabeza entre mis piernas. Me concentro en mi respiración mientras que el medicamento me hace efecto. Estoy a punto de perder la consciencia, pero logro mantenerme en el borde. Dos interminables minutos más tarde, empiezo a calmarme. Una vibración en mi bolsillo me regresa a la realidad.

"¿Qué haces? ¡Ya tardaste mucho!"

Estoy en la calle detrás de la escuela, a menos de treinta segundos, pero todavía necesito un poquito de tiempo para calmarme.

"Llego en cinco minutos, fui a dar una vuelta."

Me da el tiempo justo para tomar tres respiraciones, cuando un grupo de estudiantes dan vuelta en la calle. Me levanto por reflejo, tomo mi bolso y me pongo a caminar en dirección a la escuela como si nada. ¿Qué parecería si me vieran en plena calle, tratando de luchar contra un ataque de pánico? Me cruzo con los alumnos que están muy concentrados en el celular de uno de ellos y ni siquiera voltean a verme.

Cuando llego a la puerta C, Marie-Joëlle casi me brinca encima.

—¡Por fin! Estaba a punto de escribirte que iba camino a la cafetería.
—Bueno… ¿de qué hablabas?
—¿Conoces a Alexis Laurin? Está en tu grupo. Alto, cabello café corto, ojos azules… a veces usa camisetas de grupos musicales.
—Sí, creo que sí sé quién es.
—También es el mejor amigo de Rémi. El caso es que le gustas, le pareces realmente sexi cuando pierdes la cabeza, me dice riendo.
—Eh… ¿es broma?
—¡Te juro que no! Es en serio, tienes suerte: ¡es guapo e inteligente!
—Es verdad que no está mal.
—Bueno, piénsalo y si te interesa, puedo presentártelo discretamente.
—Ok… lo voy a pensar y te aviso.

Me parece muy difícil de creer lo que está pasando. En mi cabeza, no puede ser que alguien esté interesado en mí; mucho menos que le atraiga por mis defectos.

El efecto de mi calmante y la euforia provocada por sentirme de pronto bella y deseable me dan la impresión de estar flotando en las nubes. Marie-Joëlle me propone ir a comer con ella y sus amigos. Acepto con gusto, como si de pronto estuviera a salvo de cualquier preocupación.

—¡Tuvimos un buen *show* en la clase! dice Sebastien, el único del grupo que va en mi salón.

—No era mi intención…

—De cualquier forma, me diste el gusto de participar en el proyecto.

¡No fui tan ambiciosa cuando perdí el control! Unos minutos más tarde suena la campana y voy directo a mi clase de francés anticipando los posibles juicios de algunos compañeros. De Samuel en particular.

Estoy sentada en mi mesa, pero me cuesta mucho trabajo concentrarme. Como lo esperaba, recibo algunas miradas de odio de mi nuevo "enemigo". Las olvido enseguida porque siento que alguien más me observa. Éstas últimas son bastante más agradables. Al principio mi vista se cruza sin querer con la suya, y después de tres o cuatro veces, una especie de juego parece ocurrir entre Alexis y yo. Nos divertimos viéndonos hasta que uno de los dos se rinde y desvía la mirada. Yo pierdo todas las veces, pero esto me gusta. Esa manera que tiene de verme con intensidad me está haciendo un gran efecto. No entiendo qué me pasa, pero siento que tengo muchas mariposas hiperactivas en el estómago.

No retuve absolutamente nada de la clase del señor Hamel por estar distraída con Alexis. Hubiera podido disfrazarse de bailarina y cantar ópera parado encima de su escritorio y no me hubiera dado ni cuenta. Al salir de la clase, mi compañero de juego viene a reunirse conmigo en el pasillo.

—Hola… Charlie, ¿verdad?

—Eh… sí, sí. Así es. ¡Hola! ¡Ja, ja!

¡Parezco una autentica idiota! Estoy paralizada allí, incapaz de formular una frase digna de un ser humano que posee un cerebro que funciona. Por suerte, Alexis me ahorra la vergüenza y dice:

—A propósito, voy a hacer una fiesta en casa dentro de dos semanas. Va a ir mucha gente, estaría muy bien que fueras.

—Pues… sí. Es que… vivo…

—Ya me lo imaginaba. ¡No tienes que encontrar pretextos si no tienes ganas de ir!

—¡No, no! Sí tengo ganas, ¿qué día es?

—El viernes.

—Ok, seguramente voy a tener que hacer todo un viaje.

"¿Seguramente voy a tener que hacer todo un viaje?"

¡Bravo, Charlie! ¡Es evidente que me gané el premio a la peor respuesta! Por suerte, Alexis parece no darse cuenta. Concluye agregando que puedo invitar a mis amigos antes de ir a reunirse con los suyos.

Por mi parte, le mando rápidamente un mensaje a Marie-Joëlle para contarle la noticia y pedirle que me acompañe.

"No te preocupes, voy contigo. De todas formas, iba a ir con Ré," responde.

Empiezo a decirme que, tomando en cuenta todo, mi nueva vida en Saint-Bruno-de-Montarville podría estar peor.

CAPÍTULO 3

Salgo de una reunión con la señorita Chartier, mi maestra de ética, y el imbécil ese de Samuel. Le presento mis disculpas con el mismo entusiasmo de una bolsa de basura ante un documental sobre el medio ambiente.

Al principio de la clase, los participantes en el proyecto de mensajeros intergeneracionales tenemos que ir a sacar un papelito al azar con el nombre de nuestro futuro corresponsal. Soy la tercera que mete la mano en la caja. Saco un pedacito de papel que lleva escrito: "Violaine Simard, 80 años."

Bien, señora Simard, ¡parece que usted y yo tenemos una cita por escrito!

Cuando termina la rifa, la maestra empieza su clase: ¿Qué significa "vivir juntos"?

—¡Lo contrario de vivir separados! dice Alexis.

Sí, es una tontería, pero, al contrario de la de Samuel, no solo es graciosa, sino que además no insulta a nadie. Bueno, Ok: además sale de la boca del chico-guapo-que-me-derrite-con-sus-ojos-de-rayos-laser. La señorita Chartier aprovecha el hecho de que Alexis quería un poco de atención para pedirle que reparta los cuadernos del curso a todos los alumnos. Es sexi hasta cuando está enojado.

Leemos por turnos partes del texto sobre la idea de "vivir juntos". Como estoy demasiado ocupada esperando una mirada cómplice de Alexis, no he seguido ni una palabra cuando llega mi turno. Emerjo de las profundidades de mis pensamientos y trato, más mal que bien, de encontrar el párrafo que me toca.

—Uuh… el ser humano es, por…
—Lisa acaba de leer esa parte, Charlie.

Por suerte me indica en dónde nos habíamos quedado; hubiera podido seguir así un rato más. Leo mi párrafo y me esfuerzo por escuchar los que siguen. Después sigue una discusión en la que no me atrevo a participar porque no entendí realmente el tema.

La señorita Chartier anuncia que los participantes de mensajeros intergeneracionales podemos utilizar los últimos quince minutos de la clase para escribir nuestra primera carta. A pesar de mi interés en el proyecto, me doy cuenta de que no tengo idea de qué decir ni por dónde comenzar. Lo único que sé sobre esa mujer es que se llama Violaine Simard, que tiene ochenta años y que forma parte del clan de los Brunos. Echo a perder tres hojas de papel antes de resignarme a escribir lo que me pasa por la cabeza sin preguntarme demasiado si lo que digo viene al caso o no.

Buenos días, señora Simard,

Es gracioso escribirle a alguien que no conozco. Sobre todo, por su edad. Quiero decir, por la diferencia de edad entre nosotras. Al mismo tiempo, me parece que es algo emocionante.

Decidí participar en este proyecto porque creo que los jóvenes de mi edad tienen muchos prejuicios acerca de las personas mayores. Tenía ganas de no ser como los demás y de aprender sobre una realidad que no conozco. Es largo de explicar, pero en realidad yo no tengo abuelos. De hecho, sí tengo, pero no son míos. Vivo con una familia de acogida desde hace tres años, así es que tengo abuelos de acogida. Los veo muy poco y no siento que yo sea parte de su familia.

Bien. Me pareció cool escribirme con alguien que no conozco y que vive una realidad distinta a la mía. Digo esto, pero, tal vez en el fondo, atravesamos por cosas muy parecidas.

Le cuento un poco más de mí, pues me llamo Charlie, tengo dieciséis años y mis tutores y yo probablemente vamos a mudarnos pronto a Saint-Bruno si logran vender su casa. Por ahora vivo en Montreal y me enfurece dejar la ciudad.

Ah, también toco la batería, me desahogo.
¿Y usted qué hace durante el día? ¿Tiene pasatiempos?

Bueno, ¡la dejo porque acaba de sonar la campana!

Hasta pronto,

Charlie.

Soy la única que queda en el salón. Todos los demás salieron corriendo en cuanto sonó la campana. Tampoco me quedé eternamente, pero quise terminar mi carta para enviarla hoy mismo. Después de dejarla en la caja designada para el proyecto, la señorita Chartier me llama antes de salir.

—Quisiera hablar contigo, Charlie, ¿tienes dos minutos?

Inmediatamente me pongo a la defensiva.

—¡Sí, ya se´! Hubiera podido hacer un esfuerzo para seguir la lectura, pero, ¿qué quiere que le diga? No es mi culpa que…
—¡Charlie! me corta súbitamente. ¿Ya acabaste? No es de eso de lo que quiero hablarte.
—Oh… lo siento.
—¿Estás bien? ¿Hay algo que te preocupe en estos momentos?

¿Por dónde quiere que empiece, señorita? ¿La mudanza, el cambio de escuela, el aniversario de la muerte de mi padre, Alexis Laurin? Hay tantas cosas que me inquietan en este momento… de hecho, ¡todo el tiempo! trato de ganar un poco de tiempo para no revelar nada de mí.

— ¡Todo excelente!
—¿Qué?
—No, nada…
—Ah, bueno, entonces, ya que estás particularmente motivada con el proyecto de mensajeros intergeneracionales, tengo algo que proponerte. ¿Te acuerdas de Stéphane, el encargado del proyecto?

¡Cómo olvidar al dinámico Stéphane!

— Sí, sí.
—Pues bien, a él le gustaría que una alumna fuera a entregar personalmente el primer correo. Tal vez hablar un poco con los ancianos que participan. ¿Te gustaría?
—Uuh…
—Podrías ir en la hora de la clase.

¡Qué poder de persuasión de esta señorita! Creo que hubiera aceptado, aunque no fuera en horario de clases, pero así, ¡claro que quiero!

—¿Por qué no? Además, voy a poder ponerle un rostro a mi corresponsal.
—Bueno, entonces Stéphane va a venir a buscarte durante la clase del viernes.

Gracias al jueguito de seducción con Alexis y a la prisa que tengo de ir a conocer a los adultos del centro, la semana se pasó bastante rápido. No puedo ir tan lejos como para decir que estoy contenta, pero siento que hay elementos nuevos que vienen a traer un poco de luz a mi vida. Es verdad que, si pudiera elegir quedarme en Montreal, ¡no lo dudaría ni un segundo! Sin embargo, a falta de poder escoger, admito que mi vida diaria en los suburbios es bastante menos mala de lo que había imaginado. Sé que el aniversario de la muerte de mi padre llegará pronto a cubrir de oscuridad esta claridad, pero, por el momento trato de aprovechar.

Espero a Stéphane frente a la puerta principal de la escuela, cuando veo que una vieja y oxidada camioneta Toyota da vuelta y entra al estacionamiento. Reconozco a través del parabrisas al encargado de organizar actividades. Es la primera vez que veo un automóvil en tan mal estado en este lugar. Cabe mencionar que no es que esté tan mal, sino que contrasta con los Audi, BMW y demás autos de los Brunos.

—¡Hola Charlie! ¡Un gusto volver a verte! Pareces estar más relajada que la última vez.

Efectivamente lo estoy. Pero su actitud de demasiado-motivado-de-la-vida podría echar todo a perder.

— ¡Ja, ja! digo tratando de disimular mi malestar.

—¡Sube!

Es una suerte que el CHSLD no está muy lejos porque no hubiera podido soportar ni un minuto más sentada a menos de sesenta centímetros de Stéphane. Parece que lo detesto profundamente, pero, por extraño que parezca, despierta en mí una mezcla de agresividad y compasión. Literalmente me rompe los nervios, pero a la vez soy incapaz de odiarlo.

Nos dirigimos hacia la sala comunitaria en la que están reunidos los adultos participantes. En cuanto entro, puedo ver una decena de cabezas grises alrededor de una larga mesa rectangular. Me doy cuenta de que soy el centro de atención y eso no me agrada especialmente. Intimidada por todas esas miradas, pongo la caja con las cartas en medio de la mesa.

—Buenos días a todos. Como lo prometí, hago entrega del primer correo con la invaluable ayuda de Charlie, una de las participantes del proyecto.

"¡La invaluable ayuda de Charlie!" Justo ese tipo de frases son las que me irritan el sistema nervioso. Y las hace muy seguido. Mi presencia aquí podría ser calificada como interesante, instructiva, agradable… ¡cualquier cosa! ¡Pero mi aportación para la entrega del correo no tiene nada de invaluable! ¡En fin!

—Pues bien… buenos días, les digo con tono tímido.

Analizo al pequeño grupo tratando de adivinar quién es Violaine Simard. Stéphane seguro se da cuenta porque enseguida interviene.

—¿Buscas a tu corresponsal?

—Un poco… lo siento, es más fuerte que yo.

Me explican que Violaine no está presente porque el día de hoy no se sentía muy bien. Trato de ocultar mi decepción por respeto a los demás participantes. Un pensamiento me atraviesa la mente: ¿Tendrá alguna enfermedad grave? No tengo tiempo de continuar mi reflexión, ya que Stéphane me invita a sentarme con el grupo.

—Sé que algunos de ustedes tienen preguntas para Charlie. ¿Quién quiere empezar?

El único hombre del grupo me pregunta qué fue lo que me motivó a participar en el proyecto. Le respondo un poco lo mismo que le escribí a Violaine en mi carta. También hubiera podido contarles acerca de mi hazaña luego de la intervención irrespetuosa de Samuel, pero seguramente les hubiera quitado las ganas de participar en la correspondencia intergeneracional, si supieran que algunos jóvenes imbéciles piensan de esa manera.

Algunas señoras me hacen preguntas sobre mí, mis intereses y la escuela. Siento que una nube de incomodidad pasea sobre nosotros. Un cumulonimbo cargado de ¡pero-qué-diablos-malditos-estás-haciendo-aquí! Todos sentimos que esta conversación no va a ninguna parte y que es muy forzada. No es porque no tengamos nada que decirnos. Es solo que el contexto no es natural y no favorece el diálogo. Pienso que, si algún día voy a reunirme con Violaine, preferiría que estuviéramos las dos solas sin esta presión de grupo que me impide ser yo misma.

Antes de que el malestar se vuelva realmente insoportable, Stéphane tiene la idea brillante de ponerle fin a la reunión con el pretexto de que debo volver a clases.

—Bueno, me dio mucho gusto conocerlos. Mis compañeros tienen muchas ganas de leerlos. Saluden por favor a Violaine de mi parte.

Salgo del centro a la vez aliviada y un poco preocupada por el estado de salud de mi corresponsal. Egoístamente no puedo impedir pensar que, si algo llegara a pasarle durante nuestra correspondencia, sería un duelo adicional del cual no tengo ninguna necesidad. Durante algunos segundos sueño con abandonar el proyecto. Luego entro en razón y me digo que seguramente solo tenía dolor de cabeza o algo sin importancia. Y aunque estuviera gravemente enferma, ¿tal vez esa mujer ya no espera nada más de la vida y esta actividad del correo intergeneracional es la única forma que tienen de aprovechar el poco tiempo que le queda? ¿Tal vez es para ella una manera de darle sentido a sus últimos días?

¡No siempre puedo huir de la adversidad! Ya me embarqué en este proyecto y una mujer anciana muy pronto va a recibir la primera carta que le escribí. Ya tengo ganas de recibir su respuesta.

CAPÍTULO 4

Ha pasado una semana desde mi visita al CHSLD. Al llegar a la clase de ética, veo la caja con cartas de mensajeros intergeneracionales. Una gran sonrisa aparece espontáneamente en mi cara. El tipo de sonrisa que permite poner a prueba la elasticidad de la piel de las mejillas. Contrario a lo que se podría esperar, la mía no está mal. Me apresuro a ir a preguntar a la señorita Chartier si puede darme la carta de Violaine ahora mismo.

—No. Voy a repartirlas quince minutos antes de que acabe la clase, si no, podrían distraerse.

Tiene toda la razón en lo que se refiere a mí. Sin embargo, creo que, hablando de distracción, las respuestas de los ancianos no son nada comparadas con el escote de Ariane, que se expone (¡y se impone!) a la vista de todos. No puedo creer que la maestra no haya reaccionado. No es que me preocupen particularmente los códigos de vestimenta, pero ella es casi vulgar.

Voy a sentarme a mi pupitre en espera de que la señorita Chartier le pida a Ariane que vaya a cambiarse de ropa… o que se resbale en uno de los charcos de babas que hay por todo el piso de la clase. Para mi gran sorpresa, continúa con su clase como si nada. Por mi parte, me cuesta trabajo desviar mi atención de Alexis, quien ya no parece querer seguir con nuestro juego de seducción. ¡No! ¡Los pechos de Ariane son mucho más interesantes! Me dieron ganas de gritarle a todo volumen: "Los míos también son grandes, ¿sabes? ¡Solo que yo no necesito estar enseñándoselos al mundo entero como esa idiota!"

La clase pasó sin que me diera cuenta. Estaba demasiado ocupada con mi enojo contra Alexis y Ariane. Finalmente salí de mi burbuja cuando escuché las palabras "cartas" y "corresponsales". Mis celos se evaporaron de pronto ante la idea de leer la respuesta de Violaine. Adoro recibir mensajes, poco importa la forma. Ya sean correos, mensajes de texto o cartas, el hecho de saber que alguien pensó en mí me hace feliz.

Salto hasta adelante cuando la señorita Chartier dice mi nombre. Tengo tanta urgencia de leer la carta, que abro el sobre a las carreras y, de paso, rompo la hoja. Pongo los dos pedazos encima de mi escritorio y empiezo por fin mi lectura.

Buenos días, Charlie,

Primero, quería decirte que lamento sinceramente no haber estado presente el día de tu visita. Tuve un pequeño malestar de vieja y me quedé a descansar.

Pareces ser una joven muy brillante y con una mente abierta y hermosa. Estoy feliz de que me haya tocado una persona respetuosa. A mí también me parece a la vez gracioso y emocionante, el hecho de escribirme con alguien que no conozco.

Para contestar a tu pregunta, sí, tengo muchos pasatiempos. Soy una gran apasionada de la literatura y de la música. Cuando estaba en mis veintes, tomé clases de canto y di algunos espectáculos en cabarets. Fue así como conocí al padre de mi hijo, Carl.

Necesito mantenerme ocupada. Eso es lo que me mantiene viva. Siempre he hecho trabajo como voluntaria y, desde que vivo aquí, en el CHSLD, me involucro en casi todos los proyectos que Stéphane nos propone. Cada noche, también voy a leer algunos párrafos de una novela a una residente que sufre de la enfermedad de Alzheimer. Su estado se ha agravado de cierto tiempo para acá y ya no le queda mucho tiempo de vida. Tengo la impresión de que esos momentos de lectura que le ofrezco le dan un poco de alegría. Esa es mi manera de dar a los demás.

Tú me cuentas que tocas la batería. Es poco común para una chica. ¿Formas parte de una orquesta? Me pareces una joven audaz; eso debe gustarles a los chicos. ¿Tienes novio? Estoy segura de que tienes toda una fila de pretendientes.

Te pido disculpas por mi carta tan larga… digamos que soy de pluma fácil. ¡Ji, ji! También adoro la lectura, así es que puedes escribirme tan seguido como lo desees. Te leeré con mucho interés.

Hasta pronto, joven amiga.

Violaine.

P.D.: No sé si alguien corrigió tu carta antes de que me la enviaras, pero si no fue así, tienes muy buen francés.

Me quedo viendo la carta varios segundos. Esa mujer es adorable. Al menos en papel. Leo de nuevo la misiva para impregnarme con sus palabras. Me hizo mucho bien. Cuando suena la campana, doblo la hoja y la meto en el sobre. Antes de ir a reunirme con Marie-Joëlle para comer, me pongo a pensar un poco en lo que le voy a responder a Violaine.

En la cafetería, mi amiga está sentada con varias personas, entre las cuales se encuentra Alexis. Trato de evitar su mirada porque soy muy mala actriz y temo que lea los celos en la mía. Me siento al lado de Marie-Joëlle quien parece estar particularmente entusiasmada.

—¡Rémi ya terminó con Aude! me dice.
—Eh… ¡*cool*! Me da mucho gusto por ti, pero… tal vez no tienes que gritarlo en plena cafetería.
—¡Oh! Tienes razón…

Mira alrededor para asegurarse de que su exclamación no haya llamado la atención de algunos estudiantes sedientos de chismes. Aliviada, Marie-Joëlle da rienda suelta a su necesidad de expresión. ¡Simplemente se expresa! Es lo que se conoce como diarrea verbal. Las palabras salen de la boca de mi amiga a tal velocidad que pronto quedará completamente deshidratada. "Rémi dice que soy mucho más bonita que Aude", "me dijo que iremos a su cabaña en el invierno", "dice que va a presentarme con sus papás", "Rémi es verdadera…"

—Ok, ¡ya entendí! digo un poco irritada. Rémi es un Dios y seguramente te va a pedir matrimonio el año que viene.

—¿Cuál es tu problema, Charlie? me grita. ¡¿No eres capaz de sentirte alegre por los demás?!

Logro reprimir las ganas locas que tengo de escupirle en la cara. Literalmente. Cuando alguien me grita, las emociones me invaden a una velocidad vertiginosa y a menudo tengo reacciones muy impulsivas. Tiene razón y lo sé muy bien. Debería sentirme feliz por ella, pero soy así. Me cuesta trabajo sentirme contenta por los demás… sobre todo porque me cuesta trabajo sentirme feliz por mí misma.

Ya sé cómo va a terminar esta discusión, me conozco bien. Es mejor que me vaya antes de que haga una locura delante de quinientos y tantos estudiantes. Le digo una mentira a medias para librarme del conflicto.

—Lo siento, Marie. Tengo… un fuerte dolor de cabeza. Voy a salir a tomar un poco de aire.

Mi corazón late muy fuerte. En el tiempo que tardo en salir de la cafetería, mi mentira a medias deja de serlo; no me dolía la cabeza, pero ahora sí. Me dirijo hacia el fondo del estacionamiento de atrás de la escuela con la esperanza de encontrar un poco de tranquilidad. Me siento y hago unas respiraciones profundas. Meto la mano en mi bolso para buscar mis calmantes. Busco en el fondo unos instantes, pero, en lugar del frasco de pastillas, saco la carta de Violaine. Instintivamente la desdoblo y la leo otra vez. Tan extraño como pueda sonar, las palabras de mi corresponsal tienen en mí un efecto tranquilizador. Sobre todo, las últimas: … *puedes escribirme tan seguido como lo desees. Te leeré con mucho interés.*

Es alentador saber que una persona tiene ganas de conocerme y que espera tener noticias mías. ¡Y es mutuo! Lo que me parece muy bueno de esta relación escrita, es que es lo suficientemente superficial como para que no me involucre demasiado, y también bastante atractiva como para darme la sensación de contar con la atención de alguien.

Me recargo en el maple gigante y decido dedicar el resto de mi hora de comida a redactar mi respuesta para Violaine. Esta vez no tengo que buscar mucho para saber qué decirle. Nuestra diferencia de edad y la barrera de la escritura me permiten dar rienda suelta a mis emociones, sin peligro de ser juzgada. Entre todas las amigas que he tenido, ninguna me inspiró la confianza suficiente como para elevarla al rango de confidente. Es un poco extraño darle ese título a alguien que nunca he visto, pero siento que es precisamente lo que necesito: una extraña que sea mi confidente.

Buenas tardes, Violaine,

Gracias por tu respuesta. Pareces ser una persona muy simpática. Es muy cool que te hayas involucrado en toda clase de proyectos. Me parece muy lindo lo que haces por la señora Alzheimer. Estoy segura de que le gusta mucho, aunque esté más o menos consciente.

En cuanto a los chicos, te diré que no soy la chica más popular. Hay un chico en la escuela que parecía estar interesado en mí hasta que una chica de mi salón llegó con un enorme escote. De golpe me volví invisible. ¡Fui muy estúpida al pensar que podría interesarse en mí! Nadie me ama realmente por quien soy. Es porque soy una loca. Eso muchas veces hace que la gente se aleje de mí. Hace más o menos dos años tuve una depresión y tuve que tomar antidepresivos durante un tiempo. Ahora estoy un poco mejor, pero mi médico sospecha que tal vez sufro algún trastorno de ansiedad y cree que tal vez debería tomar de nuevo las "pastillas de la felicidad". No acostumbro contarle esto a la gente porque generalmente las asusta. Contigo es diferente. No sé muy bien por qué.

Me parece muy cool escribirte y leerte. No me arrepiento para nada de haberme inscrito en el proyecto de mensajeros intergeneracionales.

Espero no haberte inquietado con mis problemas.

Hasta pronto,

Charlie.

P.D.: No me corrigieron mi carta antes de mandártela. No soy la mejor en la escuela, pero el francés es mi materia favorita. Nunca he tenido que esforzarme mucho.

Luego de doblar y guardar mi carta en mi *back-pack*, pienso otra vez en mi discusión con Marie Joëlle. Perdí una buena oportunidad de interesarme por algo importante para mi amiga. Es la única que se ha interesado por mí y por integrarme con los demás. Me avergüenza mi reacción excesiva. Yo sé que, en el fondo, no soy una persona egocéntrica y celosa de la felicidad de los demás. Busco mi celular en el bolsillo de mi chamarra. Tengo que disculparme; tiene que entender que no lo hice con mala voluntad.

"No sé qué me pasó. Discúlpame, tenemos que hablar. ¿Estás enojada?"

A pesar de la seriedad, no puedo impedir esbozar una ligera sonrisa al releer mi mensaje. De una carta escrita a mano a un mensaje escrito con prisas, acabo de hacer un brinco intergeneracional. ¡Casi siento que soy bilingüe!

Me quedo recargada en el árbol esperando la respuesta de mi amiga (bueno, espero que todavía lo sea). En cuanto suena la campana, siento una vibración en la mano.

"Un poco. Pero Ok, lo entiendo. ¿Quieres venir hoy a mi casa?"

Contesto mientras camino hacia la escuela. Absorbida por el teclado de mi teléfono, casi no veo por dónde camino y me tropiezo con la banqueta. Hago una figura acrobática tipo triple-salto-clavado-de-nariz y compruebo con cierta satisfacción que tengo mejores reflejos de lo que pensaba. Quedo a mano entre algunos pasos torpes y poco graciosos y un dolor en el dedo gordo del pie. Por suerte, nadie me vio. Tengo mucha prisa de llegar a clases y no me tomo el tiempo de corregir los errores de dedo de mi mensaje.

"Me gustaría mucho pero mi padre me liiiiicoge después del trabajo. No creo que quiera esperarme…"

En el momento en el que voy entrando a clase, mi celular vibra de nuevo. Aprovecho los pocos segundos que quedan antes de que suene el segundo timbre para leer su respuesta.

"Podrías quedarte a dormir en mi casa, es viernes. ¡Qué loco! ¿Te dio hipo o tienes síndrome de Tourrette? ¡Ja, ja, ja!

Me siento en mi pupitre aliviada al ver que no perdí a mi amiga (y también algo sorprendida por su sentido del humor un poco dudoso). Tengo muchas ganas de aceptar su invitación, salvo que sería la primera vez que me quedaría a dormir en casa de una amiga. Tengo miedo de cómo podría sentirme lejos de mis cosas, de dormir mal, de tener un ataque de pánico delante de Marie-Joëlle. Pero, en realidad, lo que más me da miedo es tener miedo. Ese es mi problema.

Me paso toda la hora preguntándome si debería quedarme a dormir en Saint-Bruno o no. En el receso, me atrevo a llamar a Christian para preguntarle si vendría a recogerme hasta acá en sábado. Como no trabaja los fines de semana, estoy convencida de que no estará dispuesto a partir uno de sus días de descanso para venir por mí.

Para mi sorpresa, no solo acepta, sino que además descubre la duda en mi voz y trata de convencerme de que me quede.

—No, te juro que no me molesta, Charlie. ¡Me da mucho gusto!

—Ok, solo que no quisiera impedir que tú hagas tus co…

—¿Me llamaste para pedirme que te recoja mañana o porque esperabas que te dijera que no?

—¡Para pedirte un aventón! ¡Eres gracioso!

—Te conozco bastante bien. Tal vez me equivoco, pero yo creo que te angustia y que no sabes qué decisión debes tomar.

—¡Pues sí, eso es! grito. ¡Tengo dieciséis años y me asusta dormir en casa de una amiga! ¿Estás contento?

—No, no lo estoy, Charlie. Eso no es lo que quise decir y lo sabes. No hay ningún problema. ¿Tienes tus calmantes contigo?

—Sí…

—¿Tienes ganas de ir?

—Pues… sí.

—Bueno. Deberías intentarlo. Tienes que salir de tu zona de confort, o no podrás avanzar en la vida. Escucha, te propongo un trato: si no te sientes bien, puedes llamarme a la hora que sea y yo iré a buscarte. Pero primero trata de controlarte. Repítete a ti misma que todo va a estar bien y si te llegan muchos pensamientos negativos, te tomas una pastilla.

—¿Y si no funciona?

—Los calmantes siempre hacen efecto. Pero digamos que, si por alguna razón no te sientes realmente bien, me llamas.

Confieso que su propuesta me asombra. Sé que Christian no tiene mala fe, pero como trabaja mucho y siempre se queja del tráfico que tiene que soportar todos los días de la semana, no pensé que fuera a tomar tan bien mi solicitud.

Reflexiono un poco sobre su propuesta, aunque ya tomé mi decisión. Algunas veces sí logro pensar de manera racional. Tiene razón: tengo que salir de mi zona de confort, debo tomar riesgos. Tengo la sensación de que estoy en la víspera de un fuerte cambio en mi vida. Quizá debería aceptar la idea de deslizarme sobre esta ola de cambios.

—Ok. Me voy a quedar a dormir en casa de Marie-Joëlle. ¿Pero me prometes que vas por mí si te llamo en la noche?

—Lo prometo, Charlie. Y tú también vas a prometerme algo.

—¿Qué?

—Que vas a divertirte.

Algo extraño está pasando dentro de mí. Es como si acabara de perder el control de mis emociones. Tengo ganas de ponerme a llorar, aunque no estoy triste. Hasta puedo sentir que más bien estoy contenta. Esta sensación me llena de vértigo. ¿Por qué estoy a punto de soltar el llanto cuando en realidad estoy feliz?

—Charlie, ¿estás allí? ¿Estás bien?
—Sí… sí, contesto tratando de tragarme el nudo que acaba de formarse en mi garganta. Estaba… tomando un trago de agua.
—Ok. Bueno, tengo que dejarte. Tengo un cliente, ¡diviértete mucho!
—Gracias.

Me doy cuenta de pronto: me alegra estar contenta. Me parece tan absurdo, que la bola en mi garganta disuelve de golpe y me pongo a reír mientras regreso a mi salón.

Es la primera vez que tomo un autobús amarillo de regreso después de clases. En Montreal, siempre viví a dos pasos de mi escuela. Tomaría casi media hora caminar a casa de Marie-Joëlle.

Nos sentamos en los asientos hasta el fondo y esperamos a que el chofer arranque, cuando de pronto vemos que Rémi y Alexis corren hacia nosotras. Marie-Joëlle salta de alegría cuando reconoce a su novio.

Yo no me siento tan feliz ante la idea de tener que hablar con el amante de escotes. Los dos chicos vienen a reunirse con nosotras en la parte trasera del autobús y, al ver que los otros lugares están ocupados, Rémi convence a las dos chicas que están junto a nosotras de que les dejen sus asientos.

—¡Vamos, Cathe! Me gustaría mucho sentarme junto a mi novia durante el trayecto.
—¿No salías con Aude?
—Terminamos.
—Sí, y no pierdes el tiempo.
—No pedí tu opinión, solo que me dejes tu lugar.

Catherine voltea a ver a su amiga y le hace una señal con la cabeza. Las dos chicas se entienden y se van a sentar a otra parte.

—¿Te molesta si Rémi se sienta junto a mí? Tú te sientas con Alexis, agrega Marie con un guiño más o menos sutil.

¿Qué puedo responder ante eso? Además, ella no se ha enterado de la distancia que se ha creado entre él y yo. De hecho, ¡él tampoco se ha enterado! Me paro para cambiarme de lugar y me siento al lado de Alexis, un poco intimidada. Puedo ver que él quiere empezar otra vez nuestro jueguito de miradas cómplices. ¡Quieres seducirme de nuevo, tendrás que hace un esfuerzo!

—¿Finalmente vas a venir a mi fiesta la próxima semana?
—Ehh… ¡seguro!

—¿Sí tienes ganas?

—Sí… contesto con la misma energía de una tortuga en estado de ebriedad.

—Pues díselo a tu linda cara porque no parece estar muy convencida.

En general, detesto las réplicas en las que insertan un cumplido que no viene al caso. Siento que es un poco machista. Salvo que esta vez, el cumplido va dirigido a mí. Y yo lo necesito mucho. ¡Al diablo los principios! Es muy lindo que le digan a una que es bonita… aunque sea de forma un poco forzada.

Platico con Alexis hasta la parada de Marie-Joëlle. De hecho, más bien lo escucho hablar. Pero eso no me molesta mucho. Es gracioso y yo soy demasiado tímida como para hablar demasiado. Es verdad que tiene un lado un poquito narcisista, pero eso le da un cierto encanto. Me gusta cuando me mira a los ojos, justo después de haberme hecho reír a carcajadas. Reír. Eso es algo que no hago muy seguido.

—¡Ya llegamos! anuncia Marie.

Cuando me dispongo a despedirme de Rémi y de Alexis, éste se acerca y me da un beso en las mejillas. Me quedo paralizada el tiempo suficiente como para que mi amiga se impaciente y me jale del brazo.

—El chofer se va a ir si no nos bajamos, Charlie…

El corazón me late a toda velocidad y camino hacia la salida mientras me sorprendo a mí misma con unas ganas extrañas de… ¡¿bailar?! Y digo "extrañas", porque nunca en mi vida me ha gustado el baile. Hasta lo he odiado. La cantinela que suena una y otra vez en mi cabeza me hace reír: "¡¿Qué rayos?! ¡¿Tengo ganas de bailar?! ¡¿Qué rayos?! ¡¿Tengo ganas de bailar?! ¡¿Qué rayos…

Espero a que el autobús haya desaparecido en la esquina antes de darme permiso para expresar mi alegría con Marie-Joëlle.

—¿Lo viste? ¿Lo viste? ¡Me besó en las mejillas!!!

—Sí, lo vi. Es *cool*, pero solo fue en las mejillas…

—¡Bueno! ¿Quieres vengarte de mi reacción del medio día?

—¡En serio, Charlie! ¡Para nada! Es que tal vez te alteras por cosas que no son muy importantes.

—¿Crees que no le agrado a Alexis?

—¡No, no! Lo que quiero decir es que unos besos en las mejillas no son la gran cosa.

Mi odio por el baile acaba de reaparecer de golpe. Tengo que aprender a no dejarme llevar tan rápidamente.

—Estoy segura de que le gustas mucho, a pesar de todo. Es solo que tienes que entender que Alexis es un seductor. Es su naturaleza. ¿Ya te has acostado con algún chico?

Sorprendida ante su pregunta, dudo unos segundos ante de responder. Seguramente soy la única chica de mi edad que sigue siendo virgen.

—Ehh… pues… no. Nunca me he acostado con un chico. ¿Por qué me lo preguntas?

—Bien… ya sabes, Alexis es mayor, además de que tiene más experiencia. Tal vez no están al mismo nivel. Lo que quiero decir es que, para él, besar a una chica en las mejillas es algo muy frecuente y no significa absolutamente nada. Si quieres asegurarte si en verdad está interesado, quizá tendrías que ser más abierta, más… disponible.

—¿Qué quieres decir?

—No lo sé… podrías aprovechar su fiesta para acercarte, tipo…

—¡No entiendo!

—Tendrías que beber de más.

—Eh… de hecho, no pensaba tomar.

—¡¿Qué?! Las fiestas son justo para eso.

No me gusta para nada el giro que está tomando esta conversación. Si no quiero tomar es porque tengo mis razones. El recuerdo de mi madre demasiado ebria y cayéndose por todas partes me quitó el gusto de probar el alcohol. Como no tengo ganas de contarle a Marie-Joëlle, le digo la primera cosa que me viene a la mente.

—Quiero decir que no pensaba tomar hasta emborracharme.

—En cualquier caso, sería la ocasión perfecta para besar a Alexis.

No me molesto en agregar nada más con la espera de que el tema esté cerrado. Sé que tiene buenas intenciones al darme consejos, pero, si beso a Alexis, seré yo quien decida en qué momento y en qué estado lo haré.

Mi amiga me presenta con sus padres y me da un recorrido. Estoy en la típica casa de familia rica y burguesa: grande, con un enorme jardín trasero, alberca, un perro, dos gatos, dos estacionamientos, tres autos (uno es un Audi) y demasiados cuadros de *Ikea*. ¡Son unos auténticos Brunos! Sin embargo, son muy simpáticos.

Después de terminarnos todo lo que quedó del filete a la *bourguignon* que hizo la mamá de Marie-Joëlle, bajamos a su recámara y pasamos el resto de la noche escuchando música y espiando los perfiles de Facebook de algunos alumnos de la escuela. En especial el de Alexis. De inmediato comprendo por qué Marie lo calificó como un seductor: casi la totalidad de las personas que dan *like* o comentan sus publicaciones son chicas que se derriten de admiración. Podría publicar la foto de una piedra tomada con su iPhone y decenas de admiradoras encontrarían la manera de adorar su obra de arte. En verdad no puedo ver por qué se interesaría por mí cuando solo tendría que sortear el nombre de alguna de las chicas de su harem para que esta cayera rendida a sus brazos.

Seguro Marie-Joëlle se equivocó. Yo no tengo nada interesante que me permita creer que le gusto.

—Bueno, ya deberíamos de dejar de *estoquear* su perfil, ¿no?

—Sí. ¿Ves alguna serie? Tengo la primera temporada de *Cómo conocí a tu madre*.

—Ok.

Sacamos el colchón inflable, nos instalamos y son casi las once de la noche cuando empezamos a ver la serie. Después de dos capítulos, me doy cuenta de que Marie-Joëlle ya está dormida. ¡No es para nada mi caso! Logré contener mi angustia toda la noche, pero ahora, acostada en este colchón inflable, con estas cobijas que no son mías, miro el techo y no puedo impedir que mi cerebro empiece a bombardearme con todo tipo de pensamientos. Sé muy bien que esto no va a mejorar y que me pasaré la noche en blanco si no tomo mi medicina.

Aterrada ante la idea de tener una crisis de angustia en casa de Marie-Joëlle a mitad de la noche, decido tomar el doble de la dosis. No es peligroso, el médico me lo dijo. Hasta puedo tomar tres dosis en caso de ataque de pánico. Quince minutos después de tomar las dos pastillas rosas, me empiezo a sentir pesada en todo el cuerpo. Mi corazón late más lentamente, mis pensamientos son menos negativos y me hacen menos daño. Cada vez me cuesta más trabajo mantener los ojos abiertos.

Parpadeo una vez, dos veces…

CAPÍTULO 5

Esta mañana, en clase de ética, es la entrega del correo intergeneracional. Quince minutos antes del final, la señorita Chartier invita a los participantes a que vayan por sus cartas. Algunos no recibieron respuesta. Stéphane, mejor conocido como la encarnación de la motivación, nos había advertido que eso podía llegar a pasar. A veces las personas mayores pueden olvidar responder o no sentirse demasiado bien como para poner su energía en redactar una carta. Los alumnos en cuestión no parecen estar especialmente afectados. Yo hubiera estado muy desilusionada, pero, afortunadamente no es mi caso. Me apresuro a ir por el sobre dirigido a mí y lo abro a toda prisa cuando regreso a mi lugar.

Buenos días, joven amiga,

La confianza que me demuestras me conmueve mucho. Tienes razón al pensar que yo no te juzgaré. La salud mental es un problema que conozco muy bien, créemelo. También entiendo perfectamente que puedas sentirte rechazada a causa de tu enfermedad. Las personas a menudo tienen miedo de lo que no conocen.

Dicho lo anterior, no todo es tan oscuro. Existe muchísima gente más abierta de mente y que sabrá apreciarte por lo que eres. No me cabe la menor duda de eso. Con el tiempo, he dejado de ver el optimismo como un lujo que solo las personas "normales" pueden permitirse. Yo no solo veo cosas malas en tu enfermedad. Seguramente has tenido una vida que pocas personas de tu edad han tenido. Si sabes rodearte de gente que valore esa diferencia, tendrás más posibilidades de ser feliz. Al menos, eso es lo que yo creo.

Pasando a otras cosas, ayer fui a leerle algunas líneas a mi amiga de la que te platiqué. Estaba más perdida que de costumbre, pero de todas formas quise leerle un poco. En realidad, esta actividad es más bien un pretexto para interactuar con ella. El sonido de mi voz es un poco como un faro que guía a un barco en medio de la oscuridad. También es muy sensible al tacto, entonces todo el tiempo tomo su mano mientras estamos juntas. Llevaba como diez minutos de lectura en voz alta cuando me dieron ganas de hablarle de ti. Bueno, de nosotros. De este proyecto del correo intergeneracional y de nuestra relación por carta. No le conté lo que me dijiste, no te preocupes. Más bien le platiqué hasta qué punto me parecía enriquecedor mantener correspondencia con una chica tan abierta e inteligente como tú. Ella no estaba en posibilidades de comprender lo que le decía, pero el tono entusiasta de mi voz le arrancó algunas sonrisas. Es en momentos como este cuando recuerdo por qué me importa tanto dar a otros. Procurar un poco de alegría a alguien que lo necesita es tan gratificante.

Debes saber que, por tu interés en mantener una correspondencia con una vieja como yo, me procuras una de esas pequeñas alegrías.

Otra vez te escribí toda una novela, discúlpame.

Mándame noticias tuyas, ¡tengo muchas ganas de leerte!

Violaine

No me esperaba una respuesta tan conmovedora. Literalmente, me quedé con la boca abierta. Esta relación por correspondencia acaba de tomar otro sentido completamente. Incluso acaba de agregar valor a mi existencia. Creo que es la primera vez en toda mi vida que alguien logra hacerme creer que soy importante.

Es verdad que Violaine tiene razón al decirme que he tenido una vida diferente a las de los demás jóvenes de mi edad, pero eso nunca me había parecido ser una ventaja. Tal vez es porque siempre he tenido la impresión de estar más muerta que viva. Pero, desde hace unos segundos, una sensación nueva ha crecido en mí. Creo que es lo que mi psicóloga llama "pulsiones de vida". La idea de saber que soy importante para alguien me hace sentir muy extraña por dentro. Es muy emocionante. Si alguien me hubiera dicho que esta sensación me la provocaría una persona mayor, seguramente no lo hubiera creído. No soy tan inútil como pensaba. ¿Yo, Charlie Pépin, puedo hacer la diferencia en la vida de una persona?

T

Le pregunté a Christian si podía quedarme a dormir de nuevo en casa de Marie-Joëlle. Aceptó sin dudarlo. Intencionalmente omití decirle que iba a ir a una fiesta. Probablemente también me hubiera dejado; después de todo, él es quien más desea que salga de mi zona de confort. Pero bueno, mejor no tomo riesgos. Ya había dicho a Alexis y a Marie que iría y no quisiera tener que cancelar en el último minuto. Y todavía menos a causa de mi pseudopadre.

Después de la escuela, Rémi y Alexis se ofrecen para comprarnos alcohol, ya que los dos ya son mayores de edad. Como no sé muy bien qué tomar, le doy la razón a Rémi con sus suposiciones:

—Debes de ser del tipo que toma *drinks* de niña, ¿verdad?
—Sí… me imagino. Cómprame lo que sea más fácil para beber.

Regresa con cuatro latas grandes de bebidas energéticas con vodka. ¡Buena elección! Mientras que no sepa mucho a alcohol, me parece bien. Dejamos que los chicos se vayan y vamos a casa de Marie-Joëlle para comer y arreglarnos. Más bien para que ella nos arregle a ambas. Me pongo en sus manos para quedar muy bien.

—Tu cola de caballo no va nada bien para esta noche. ¡Te vas a dejar el cabello suelto! ¿Qué tipo de maquillaje quieres?

—Algo sutil pero eficaz.

—Ok. Y de ropa… ¿qué más traes?

—Ehh… una camisa rosa.

—¡Póntela y pruébate también esta falda! Creo que somos de la misma talla.

Dudo un momento. Digamos que no es el estilo que uso normalmente. Solo uso faldas en ocasiones especiales. Y, ahora que lo pienso, ¡este es el caso! La tomo y voy a cambiarme al baño.

—¡Wow! dice Marie. ¡Te ves guapísima!!!

—Pues… gracias. Espero que Alexis opine lo mismo que tú.

—¡Además tienes senos! ¡Ja, ja! ¿De dónde salieron?

—Pues…

—Te estoy molestando, pero tienes que hacer valer tus encantos.

Es verdad que quiero llamar la atención. Quiero verme bella y atractiva, y que Alexis se dé cuenta de que también soy deseable para otros chicos. Sin embargo, no quiero que sea solamente gracias a mis senos. Necesito que sea un "todo". Pero bueno… mientras espero eso, creo que voy a tener que conformarme con lo que tengo.

Como lo esperaba, los escenarios catastróficos empiezan a invadir mi mente poco tiempo antes de que nos vayamos a la fiesta: caer por las escaleras, decir una tontería y que todos se rían de mí, ver que Alexis se "liga" a otra chica… Traté de reprimirlos, pero esta noche es muy importante. TENGO que causar una buena impresión y no puedo permitir que las preocupaciones mal fundadas me pudran la cabeza. Guardaré mi miedo de tener miedo para otro día. Voy a estar en un contexto social intimidante, rodeada de personas que conozco poco o nada. Dudé unos minutos antes de decidirme a tomar mi ansiolítico. Tengo que mostrar mucha seguridad para gustarle a Alexis.

Llegamos a la fiesta alrededor de las ocho y cuarto. Algunas personas ya están allí, incluso varias un poco ebrias. No demasiado. Justo lo suficiente como para integrarnos a un grupo en el que se respira un ambiente festivo. El tipo de ambiente que favorece las conversaciones y reduce el riesgo de malestar. Me tranquiliza. No quiero inventar cosas, pero creo que mi *look* parece causar efecto. Siento las miradas de varios chicos en mí… "mí", que, por el momento, se resume sobre todo a mi pecho. Hubiera deseado que se fijaran en mi cabello, en mis ojos; que se interesaran por lo que digo. Bueno, es cierto que tampoco he tenido tiempo de decir gran cosa. Abro mi primera lata, cuestión de dejar que el alcohol elimine algunas inhibiciones. ¡Lo voy a necesitar! También voy a necesitar la energía que me proporcionará mi bebida. Empezaba a tener sueño por mi medicamento.

Mi garganta seca (otro efecto secundario de la medicina) acepta el líquido como si fuera un desierto. Alexis preparaba una fogata en el patio cuando llegamos, y finalmente viene a recibirnos.

—*¡My God!* ¡Te ves muy bien! exclama con una convicción casi conmovedora.

—Pues… ehm… ¡gracias! respondo un poco nerviosa, justo antes de tomar un gran trago de valor.

—Creo que vas a necesitar un guardaespaldas para esta noche. Yo puedo hacerlo gratis…. me sentiría culpable si algo te pasa.

Puedo ver en sus ojos que él también está un poco tomado. Su expresión un poco emocionada lo hace todavía más atractivo. Creo que está haciendo su juego de mirada seductora. Tomo el resto de mi bebida y trato de sostener su ataque de rayos láser. Resisto por un instante, pero tengo que aceptar que me estoy derritiendo. De inmediato me tomo otra lata. Este hombre me hace sudar, literalmente. Sudor frío y caliente. O tal vez tibio, ¡¿yo qué sé?! En estos momentos todo se confunde. Si normalmente el hecho de sudar no está en la lista de mis actividades favoritas, la experiencia que vivo ahorita podría hacerme cambiar de opinión. Finalmente, el alcohol que tomo me despierta algunas reflexiones extrañas a propósito de mi filtración corporal. ¡Uf! tantas tonterías para un solo cerebro. Lo importante es que todo esto se quede solo en mi cabeza. No debo compartir mis delirios con Alexis. De hecho, con nadie.

Lo veo hablar con todo el carisma del que es capaz cuando se necesita: el agua que moja mi cuerpo con miles de gotitas es fría cuando sale de mis poros, pero hierve al contacto con mi piel ardiente. La superficie de mi cuerpo está casi a punto de ebullición. A mi pesar, algunas imágenes llegan a mi mente: Alexis me toma de la mano y me lleva a su habitación. Me dice que soy tan bella, que le gusta estar a mi lado y me besa intensamente antes de lanzarme encima de su cama.

—¿Dónde andas, Cha? Pregunta Marie-Joëlle tronando los dedos, como para despertarme.
—¿Eh? … aquí estoy. ¿Por qué?
—Físicamente sí. Pero tu cabeza parecía estar en otra parte.
—Bah… debe ser el alcohol.

En realidad, no es del todo falso. Incluso empiezo a pensar que tal vez debería ir más despacio, antes de que mi calmante haga reacción con el alcohol. Mi médico me advirtió que tuviera cuidado con las mezclas. El problema es que jamás me había sentido tan bien en toda mi vida. Sé que puede ser peligroso, pero solo si exagero la dosis. Un calmante y algunas copas no han matado a nadie.

—Bueno, ¿vienes? Vamos a la fogata, propone Marie-Joëlle.

Una seguridad que no conocía me impulsa a molestar un poco a Alexis:

—Ok, vamos. ¿Hay algunos chicos guapos que no me hayas presentado todavía? pregunto en voz alta a mi amiga para que él me oiga.

—Yo creo que sí, pero no los conozco a todos…

—¡Pues vamos!

Dejamos la sala y salimos al patio. Aprovecho nuestro paso por la cocina para agarrar una tercera lata del refrigerador. ¿Por qué no había salido nunca de fiesta? Tal vez sería más feliz en la vida si hiciera más locuras, si viviera más a menudo momentos de ebriedad.

Hace apenas treinta segundos que estamos sentadas cerca del fuego cuando llega un chico llamado Antoine y se presenta. Llevo unos minutos hablando con él, cuando llega Alexis a interrumpir nuestra conversación y a sentarse a mi lado. Esta interrupción habla mucho de su voluntad de conquistarme. Esta vez, estoy casi segura: está interesado en mí y ya entendió que no es el único.

—Lamento arruinar tu diversión, Antoine, es solo que le dije a mi encantadora amiga Charlie, que la protegería de tipos malos como tú.

—Eres un idiota, Alexis. ¿Acaso es tu nueva conquista?

—¡Se dice "protegida"!! Y no es ninguna novedad. Me gusta desde la primera vez que la vi.

—Seguro…, dice Antoine muy dudoso.

Normalmente, ese escepticismo hubiera sido suficiente para enfriarme, pero, esta noche, tengo un objetivo y voy con todo. Nada puede detenerme. Mis pulsiones son más fuertes que mi angustia y mi hipersensibilidad. Quiero estar junto a Alexis. Quiero que me toque, que me llene… el cuerpo y la mente. Mientras más avanza la noche, más ligera me siento. Tanto que tengo la impresión de elevarme en el cielo… pero creo que este hombre podría hacerme alcanzar fácilmente el séptimo cielo. Con dos grandes tragos, me tomo la primera mitad de mi tercera lata, para seguir subiendo por la montaña del placer. También aprovecho este dudoso juego de palabras para morirme de la risa.

—¿Todo bien? pregunta Alexis.
—Sí… sí, sí. ¡Todo bien! Es que… se me fue un poco chueco un trago.

Antoine fue a sentarse con sus amigos. Me siento un poco mal por él, pero, esta noche, tengo un guardaespaldas solo para mí… y pienso aprovechar su protección (aunque puedo defenderme muy bien yo sola).

—Creo que no te he llevado a conocer mi casa, continúa Alexis.
—Es verdad. ¿Vamos?
—¡Vamos!

La idea de que esta visita guiada no sea solo un pretexto para alejarme de los demás invitados cruza mi mente. De hecho, deseo que esa sea la intención. Incluso creo que, si él no hace un acercamiento, lo haré yo. Me siento completamente liberada de mis inhibiciones en estos momentos, así es que debo aprovechar esta confianza pasajera. Luego de enseñarme brevemente la oficina de su padre, así como las recámaras de sus papás y la de su hermanito (¡Otra casa de Brunos ricos!), me guía hacia su "guarida", como la llama. ¡Allí es donde tiene que pasar! En este sótano en donde nos besaremos por primera vez.

—La gran habitación, era un salón, pero, cuando mis padres la remodelaron, la hicieron más grande y se convirtió en mi habitación…

—Ok.

—Es muy *cool*, tengo un baño casi todo para mí. Es muy raro que alguien baje. Aquí estoy en paz…

—Ok.

—¿Todo bien? Te ves rara…

—¿Eh? ¡No, no! Bueno… tal vez estoy un poco borracha. Además de que me preguntaba cuándo podríamos aprovechar esta paz.

—Ya veo. Tú…

—Quiero que me beses. Ahora… ¡mismo!

—Eh… de acuerdo. A sus órdenes, señorita.

Pude darme cuenta de que no me veía a los ojos, sino más bien al escote. ¿Y qué? No me importa. ¡Me vale! No, no es verdad: sí me importa. O más bien, me lo voy a coger. Será la primera vez que haga el amor… ¡quiero que me coja!

Mi corazón late a toda velocidad cuando se me acerca para besarme. De pronto, me empuja ligeramente los hombros como para obligarme a retroceder. Hipnotizada, me dejo guiar. Parece saber a dónde va y para qué va. Luego, de pronto, siento algo detrás de mi espalda. Con una suave brutalidad, me recarga sobre un muro y se pega a mí. Pone las manos en mi cintura y lentamente desliza sus dedos hacia mis senos. Tengo unas ganas terribles de él. Yo también quisiera tocarlo. Quisiera quitarle la ropa. La pena desapareció, pero no sé muy bien cómo excitarlo.

¿Qué tipo de cosas debo hacer para que él tenga las mismas ganas que yo? La respuesta surge cuando empieza a frotar su pene contra mi pubis. ¡Finalmente, no tengo gran cosa que hacer! Sus gemidos en mi oído y sus caricias en mi pecho me dan escalofríos. Sé que sería mejor que le dijera que soy virgen, y ese pensamiento me empieza a angustiar. Estoy físicamente dispuesta a recibirlo en este momento preciso, pero me conozco lo suficiente como para saber que un pequeño pensamiento puede ocupar rápidamente todo el espacio en mi cabeza. Tiene que entrar en mí lo más pronto posible antes de que mi ansiedad acabe con mi deseo.

Animada por mi temor a decepcionarlo, me veo intentando torpemente quitarle los pantalones. Si no pasa nada en los segundos que siguen, este ligero viento de aprensión se convertirá en un tornado de inquietud. Al ver que tengo problemas para lograrlo, decide ayudarme y aprovecha para quitarse los jeans y lanzarlos lejos. Enseguida me sube la falda y me baja las pantaletas. Yo sabía bien que estar desnuda es una etapa esencial cuando llega la hora de hacer el amor, pero me doy cuenta de que es mucho más intimidante de lo que creía.

Me siento extraña, presa de una mezcla de ebriedad, de miedo y de excitación. Creo que mi medicina, el alcohol y la bebida energética están haciendo alguna reacción. "¡Anda, vamos, date prisa entra en mí!" Tengo palpitaciones. Anticipo el momento. Ya no puedo esperar; es ahora o nunca, sino, será demasiado tarde. Tomo su sexo y lo acerco al mío.

—Dame dos segundos, voy por un condón.

Ya está. Mi excitación desaparece de golpe y mi cerebro se pone en modo hiperactivo: "¡mi vagina está más seca que un desierto, lo voy a hacer perder la erección!", "¡Seguro mi aliento apesta!", "¿Y si el condón no sirve?" Mi cuerpo ya no responde para nada. ¿Cómo puedo justificar esta falla? ¿Cómo puedo salir de esta situación vergonzosa? La cabeza me da vueltas.

—¿En qué estábamos? me susurra al regresar.
—Yo… yo no sé. Ehh… tendríamos que… es que ya no va a funcionar, Alexis…
—No estoy seguro de entender. ¿Me excitas a prósito, me pides que te bese, me quitas los pantalones, y luego me dices que ya no funciona?
—¡No eres tú, soy yo! Creo que… creo que es por el alcohol. No estoy… acostumbrada a tomar. Estoy un poco… así… y luego, mierda: ¡no estoy bien lubricada!
—Ok… pero eso puedo arreglarlo.

No sé bien qué decirle. Es impensable confesarle que estoy luchando contra una tormenta dentro de mi cabeza. Imposible decirle que, en estos momentos, no estoy demasiado funcional. Solo me viene una solución a la mente para resolver esto:

—Creo que no funcionará. Pero… tal vez… yo podría hacerte una cosa, si quieres.

—Sí… no podría ser peor.

Jamás he hecho una felación, pero no debe ser mucho más complicado que chupar una paleta. Si todo va bien, debería de poder salvar la situación así… ¡solo que yo me puedo olvidar de alcanzar un orgasmo! Esta solución de último segundo al menos logra hacer que disminuya ligeramente mi estrés. Digo "ligeramente", porque temo no estar a la altura. Me arrodillo frente a él e introduzco su pene en mi boca. No estaba tan acertada mi historia de la paleta (digamos que la temperatura no es exactamente la misma…), pero, afortunadamente, todo parece ir bastante bien si tomo en cuenta los ruidos que hace Alexis. Los primeros minutos, me excita hasta el punto en que vuelvo a tener ganas de sentirlo en mí.

Si al principio me baso en sus sonidos para evaluar mi desempeño, la intensidad de sus movimientos también son un buen indicador de su placer. Incluso demasiado. Me jala el cabello, me toma la cabeza y entra hasta el fondo de mi boca. Empiezo a marearme y a sentir nauseas. Lo que tomé y la angustia que viví ciertamente no ayudan. Tengo que concentrarme para olvidar que siento más nauseas con cada uno de sus movimientos. Después de un momento, entiendo que no podré aguantarme mucho más y que solo es cuestión de tiempo antes de que vomite. Me detengo y aprovecho un respiro de algunos segundos para tratar de justificarme.

—Disculpa… me siento… no me siento bien. Creo que… bebí de más… digo antes de salir corriendo al baño.

Meto la cabeza en la taza del escusado y vomito la comida de la mamá de Marie-Joëlle, misma que flota en un mar de alcohol. Me gustaría mucho que Alexis viniera a ver si estoy bien, pero, en lugar de eso, alcanzo a ver que se abrocha su cinturón y sube de regreso a la fiesta. Tal vez fue a buscarme un vaso de agua o una toalla… voy a esperar un poco antes de comenzar a detestarlo. Un minuto. Tres minutos. Cinco minutos. Lo escucho arriba hablando y riendo con sus amigos.

¡No puedo creerlo! ¡No solo ese imbécil no logró llevarme más allá del cuarto cielo (además de que yo me porté bastante bien), sino que además acaba de hacerme descender al séptimo infierno! Este bastardo me utilizó y acaba de dejarme aquí botada y sintiéndome muy mal. Unas lágrimas quieren escapar de mis ojos. Mi noche está arruinada.

Me limpio la boca y subo sin siquiera molestarme en vaciar la taza del escusado. Quiero que vea mi vómito, que sepa que fue por culpa suya y de su repugnante pene que me puse mal.

Tomo mi saco y paso a toda velocidad por la horda de gente que está en la cocina. Me aguanto para no llorar a mitad de esta fiesta que, un poco antes, se anunciaba como la noche más hermosa de toda mi vida. ¿Cómo hubiera podido adivinar que en tan solo unos segundos iba a convertirse en una pesadilla?

Marie-Joëlle está demasiado ocupada besando a Rémi y ni siquiera me ve salir de la casa. Mi mirada se cruza con la de Alexis, mismo que hace como si no pasara nada. Me cuesta mucho trabajo comprender su reacción. Me gustaría ir a enfrentarlo, preguntarle por qué me trató así. Por suerte, mi tristeza me impulsa a querer salir de aquí cuanto antes. Digo "por suerte", porque me hubiera puesto como loca frente a todos sus amigos. Una vez afuera, me dirijo hacia el parque que está en la esquina de la calle. Me espero a estar bien escondida en el tobogán antes de dejar salir el llanto. Fui una estúpida al pensar que alguien podría interesarse sinceramente en mí. Me siento muy mal. Terriblemente mal. Mi dolor es tan intenso, que debo encontrar una manera rápida de calmarme. Normalmente me hubiera tomado mi ansiolítico, pero dejé el frasco en mi bolsa en casa de Marie-Joëlle. Me siento vacía. Es un verdadero abismo. Soy el tipo de persona que es verdaderamente desechable. Un ser que se puede usar y tirar. Mi sufrimiento se ha vuelto tan insoportable que comienzo a pensar que un dolor físico sería una buena forma de contrarrestarlo. Salgo de mi escondite y camino por el parque en busca de algún objeto filoso. Tomó una piedra de contornos afilados y ejerzo una ligera presión con ella sobre mi antebrazo izquierdo. Tiene un efecto liberador: por una fracción de segundo, pienso menos en el hecho de que no soy más que una vulgar basura. Apoyo un poco más fuerte… por la misma razón por la que se aumenta la dosis de una medicina. Parece que reacciono bien al tratamiento; apoyo todavía más fuerte. Es un mal por un bien, y ese bien, de verdad lo necesito. Cuando veo que un poco de sangre comienza a brotar de mi brazo, me perece buena idea cambiar de lugar.

No sé cuánto tiempo llevo infringiéndome estas heridas; debo haber caído en un trance en algún momento. Seguro es señal de que sí funciona. Al fin he logrado tranquilizarme. Incluso empiezo a sentirme cansada. Pero, ¿a dónde puedo ir a esta hora y en este estado? De momento, puedo ver solo un lugar que cumpla con lo que necesito. Debilitada y un poco mareada, me levanto y regreso a mi escondite cilíndrico. Es extremadamente incómodo, pero, al menos, la forma de espiral me permite permanecer en la última curva de abajo.

Me acurruco lo mejor que puedo, tomando en cuenta el espacio disponible, y uso mi saco hecho bola como almohada. Parpadeo una vez, cinco veces… dos veces…

T

Una luz amarilla y difusa me despierta lentamente y me toma varios segundos darme cuenta en dónde estoy. A medida que mis recuerdos salen a la superficie, mi cuerpo me envía señales de dolor. Mi cabeza quiere estallar, la parte baja de mi espalda me está matado y el antebrazo me arde. Seis heridas de aproximadamente dos centímetros, cubiertas de sangre seca, se alinean a lo largo cerca de mi muñeca.

Me salgo del cilindro amarillo y voy a sentarme en una banca junto a los columpios. Todavía debe ser temprano, porque no hay mucho movimiento en el vecindario. Es como yo: la sensación de vacío que sentía ayer sigue presente esta mañana. Un poco menos intensa, pero, aun así. Me sorprendo a mí misma pensando que hubiera podido morir si mi brazo hubiera seguido sangrando, pero soy incapaz de decir si eso es lo que deseaba o no. Las ganas de desaparecer van y vienen desde hace algunos años, sin embargo, siempre hay una pequeña idea que me hace dudar: "¿Y si mi vida finalmente mejorara?" Verdaderamente no sé por qué me empeño en seguir alimentando ese fuego de la felicidad, cuando siempre se extingue por sí solo. Alexis acaba de confirmar mi teoría: esperanza es igual a decepción.

Justo en este momento, lo que más quisiera es tener a alguien con quien poder hablar. Alguien en quien confiar plenamente y que pudiera entender cómo me siento. Un poco como lo hace Violaine en sus cartas. El problema es que ahora es cuando la necesito. No cuando le escriba una carta y luego reciba su respuesta una semana más tarde. De pronto, me doy cuenta de que me encuentro muy cerca de ella. Tan solo unos quince minutos de camino me separan del CHSLD. Muchas preguntas vienen todas de golpe a mi mente. ¿Cómo reaccionaría si la visitara? ¿Tendría el valor suficiente para hablar con ella en persona? ¿Habría una buena conexión si estuviéramos frente a frente? ¿Y si ella no se siente bien hoy?

Si no voy a ver a Violaine, todavía me quedan algunas horas de espera en este parque. Y seguramente es muy temprano como para llamar a Christian; sospecharía y me haría toda clase de preguntas. Por lo tanto, tengo que matar el tiempo. Más que quedarme aquí, decido ir a la residencia de ancianos. Una vez allí, ya veré si me atrevo a anunciarme en la recepción. No quiero que mis heridas llamen la atención, por lo que decido ponerme mi saco. Me da gusto que no sea blanco.

Mientras camino, saco mi celular para darme una idea más exacta de la hora. Las calles están muy tranquilas, ya que son muy pocas las personas que se levantan a las siete de la mañana en sábado. También veo que tengo dos llamadas perdidas de Marie-Joëlle y cuatro mensajes de texto.

12:12 horas "¡Cha! ¿Dónde estás?"
01:00 horas "¡Maldición! ¿Qué haces? ¡Nadie sabe en dónde estás!"
01:45 horas "Estoy preocupada. ¿Dónde estás? ¡Contesta!"
02:18 horas "Bueno, ya me voy a casa. Espero que estés bien. ¡Llámame por favor!"

Aunque no me alegre del hecho de que mi amiga esté asustada, sí me hace bien saber que alguien se preocupa por mí. Pero, ¿qué puedo responderle? No hay manera de que le cuente lo que pasó con Alexis, y todavía menos mi episodio de automutilación. Sin embargo, si finjo que regresé a mi casa, puede molestarse conmigo por no haberle avisado. No tengo ningunas ganas de mentirle a Marie-Joëlle, solo que, si le digo la verdad, sería como confesarle que estoy loca y correr el riesgo de perder a mi única amiga. ¿Cómo podré lograr salir de esta situación? Escribo algunas palabras y las borro enseguida. Escribo. Borro. Repito la misma secuencia tres, cuatro, cinco veces, y termino por volver a guardar mi teléfono en mi bolsillo. El riesgo de enviarle un mensaje del que luego pueda arrepentirme es muy alto. Prefiero no hacer nada.

Llego al CHSLD doce minutos después de haber salido del parque. No son ni las siete y cuarto. Parada frente a la entrada principal, me pregunto si tendré el valor de ir a ver a Violaine. Una enfermera sale del establecimiento y me provoca un sobresalto. Saco mi teléfono por reflejo y finjo estar buscando a alguien entre mis contactos. Mi nerviosismo seguramente afecta la credibilidad de mi actuación, ya que la mujer me mira con desconfianza. Intimidada, finjo nuevamente no haberla visto y me dirijo a la entrada. Mi reacción es completamente absurda, ya que no tengo nada que ocultar. Empujo la puerta y me encuentro justo al lado de la recepción. Verdaderamente absurdo. ¡No estoy haciendo nada malo! ¿Desde cuándo es ilegal esperar frente a una residencia de adultos mayores? Esa empleada seguramente está frustrada con la vida para ver a las personas de esa manera. Además, ¿qué puedo hacer por una pobre mujer como ella? Verdaderamente...

—¿Puedo ayudarla, señorita? me pregunta la recepcionista.

Estoy tan metida en mis pensamientos que su voz me parece casi un eco.

—¿Señorita? repite. ¿Viene a ver a alguien?
—Eh... sí, respondo, luego de darme cuenta que es demasiado tarde para echarme para atrás. Yo... yo vengo a ver a la señora, eh... Simard, Violaine Simard.

—¿Es familiar?

—Pues… no. De hecho, soy su corresponsal en el proyecto de mensajeros intergeneracionales de la escuela. Sé que es un poco temprano, pero pasaba por aquí y quise pasar a saludarla. ¿Tal vez debería volver más tarde?

—La señora Simard normalmente se levanta temprano. A esta hora, es muy posible que ya esté en la cafetería. ¿Quiere que vaya a ver?

—Eh… sí, tal vez. Pero no quisiera molestarla.

—Si está allí, seguramente es porque se siente bien esta mañana. En ese caso, no creo que la moleste. ¡Le gusta tanto recibir visitas!

Acompaño a la mujer hasta el comedor, un poco estresada ante la perspectiva de encontrarme con mi corresponsal. ¿Cómo será? Espero que transmita cierta bondad, me la imagino dulce y carismática, pero me resulta imposible hacerme una idea exacta de su aspecto físico. Frente a la multitud de residentes, la actitud de la recepcionista me indica que Violaine está bien y se encuentra allí.

—Señora Simard, tiene visita.

Una cabeza blanca entre tantas otras voltea para mirar hacia donde estamos. De pronto, me pregunto qué demonios vine a hacer aquí esta mañana. En el momento justo de mi angustia, me dirijo a esta mujer mayor y desconocida. ¡Mi vida es mucho más patética de lo que creía!

—Buenos días, Vio… eh, señora Simard. Soy Charlie… su corresponsal de mensajeros intergeneracionales.

—¡¿Charlie?! ¡Dios mío! ¡Qué agradable sorpresa! Pero… ¿qué te trae por aquí?

—Pues… yo… yo estaba por aquí y, como no pudimos conocernos cuando vine a presentar el proyecto… quise pasar a darle un saludito.

"¡¿Un saludito?!" Por lo general yo nunca digo eso. Además, salió con un tono muy dudoso, como si me dirigiera a un niñito de cuatro años. La empleada que me había acompañado nos dirige una mirada amable y regresa a su lugar.

—¡Buena idea! Me da mucho gusto conocerte. Eres más bonita de lo que me imaginaba.

Su comentario me pone un poco incómoda, sobre todo porque no sé qué responderle. Yo no me la había imaginado para nada. En todo caso, no físicamente.

—¿Tus padres te esperan?

—Eh… no, no. Ellos… se fueron a hacer unas cosas.

—¿A esta hora?

—Sí, antes iban a ir a desayunar.

—Muy bien, en ese caso, ¿quieres sentarte con nosotros?

—Ok.

Violaine me presenta a dos amigas suyas, Paule y Simone, las cuales parecen estar casi igual de contentas de conocerme.

—¿Y tú ya comiste? continúa. Nosotros acabamos de terminar, pero si tienes hambre, te puedo pedir algo.

Efectivamente tengo mucha hambre. Lo que tenía en el estómago, lo vomité todo la noche anterior. El problema es que no traigo nada de dinero. ¿Está insinuando que ella va a pagar mi desayuno? Estoy demasiado apenada como para preguntárselo directamente, pero también tengo muchísima hambre como para no intentar el método indirecto.

—Olvidé mi bolsa en el auto de mis padres. Pero no es grave, no tengo tanta hambre.

—¿Estás segura? Yo te invito. ¿Te gusta el omelette?

—Pues… sí, sí me gustan. Pero me siento un poco mal por aceptarlo, casi no nos conocemos.

—¡Vamos! ¡Por una vez que recibo una visita tan agradable como esta! Vas a ver, ¡los omelettes son excelentes!

Es verdad que me siento un poco mal al aceptar, pero sobre todo me siento aprovechada. ¡En fin, el apetito justifica mi hipocresía!

—¿Con jugo de naranja, vaso de leche o café?

—Uhm… con un café por favor.

Las tres señoras y yo platicamos un poco sobre el correo intergeneracional mientras me traen el desayuno.

—Me acuerdo de ti, dice de pronto Simone. Eres la joven que vino a presentarnos la actividad hace algunas semanas.

—Sí, ¡soy yo! Lo siento, no la había reconocido. Había muchas personas y yo estaba un poco nerviosa.

Ella me confiesa que, aun cuando estuvo encantada con la idea al principio, se decepcionó un poco ante la falta de entusiasmo de su corresponsal. No me atrevo a preguntarle el nombre del alumno en cuestión, pero no me sorprendería nada que fuera Samuel, el famoso imbécil. En cuanto a Paule, ella decidió no participar en el proyecto por una razón imprecisa que parece no entender bien ni ella. De hecho, creo que simplemente no le interesó y que se inventó una excusa.

—¡En todo caso, me da mucho gusto haberte conocido, Charlie! exclama Violaine.

Mi desayuno llega al fin y nos sirve como pausa. Yo también estoy contenta de haberla conocido, pero me parece que ella exagera un poco. No sé bien que hace que el tema de conversación cambie, pero al oírlas hablar, creo que se pusieron el sombrero de la nostalgia. Digo que "las oigo hablar", ya que no puedo asegurar verdaderamente que las escucho; estoy demasiado concentrada llenando mi estómago antes de que éste se coma a sí mismo. Pienso que Simone habla de su primer amor. Me parecería bastante lindo si tan solo tuviera un poco más de energía. Cuando termino mi comida, mi corresponsal me propone caminar con ella por los pasillos del centro. La actividad en sí me parece poco cautivadora, pero al menos me permitirá entender la vida diaria de sus residentes. Acepto esperando que ese omelette (cuya calidad fue bastante sobre-estimada por Violaine) me de las fuerzas suficientes como para seguir a mi guía octogenaria, misma que claramente tiene mejor condición que yo el día de hoy.

—Fue un placer, Charlie, dice Paule. Violaine tiene mucha suerte de mantener correspondencia con una chica tan amable como tú.

—¡Es verdad! ¡Es muy bueno conocer a una joven tan llena de vida!

¿Llena de vida, yo? Si tan solo supiera el lugar que ocupa la muerte en mi existencia, tal vez no se hubiera atrevido a decir eso. Me sorprende mucho haberle inspirado ese adjetivo. Es verdad que la gente no puede saber lo que he vivido. Tampoco pueden saber que dentro de mí hay algo que es como un hoyo negro que aspira toda la luz que se acerca. De cualquier forma, jamás hubiera pensado dar la impresión de estar llena de vida.

—¿Conoces el salón comunitario? me pregunta Violaine al empezar el recorrido.

—Sí, lo conocí cuando vine a presentar el proyecto.

—Bueno, en ese caso, te voy a mostrar el saloncito. Es mi lugar favorito, a donde más me gusta ir. Es un lugar tranquilo en el que los residentes podemos platicar o leer.

—Está al final del mismo pasillo que mi departamento. Solo algunos de nosotros lo usamos regularmente. Otros residentes prefieren pasar el tiempo en el salón comunitario, y unos más en el lobby.

Hasta en el CHSLD hay pequeños grupos que pasan el tiempo en distintos lugares. No puedo impedir imaginar a las cabecitas blancas con sudaderas gigantes echando bronca a los miembros de otras bandas: "¡Oye, anciana! ¿Qué haces aquí? Los miembros del salón comunitario no son bienvenidos en el saloncito, ¡¿OK?!" "¡Cálmate viejo! Solo voy a buscar al jefe..."

—¿Tienes tiempo para subir a mi departamento? dice Violaine obligándome así a salir de mis pensamientos.

No sé bien si debo aceptar. Mi corresponsal es muy simpática, pero, a pesar de todo, es una extraña... que tiene edad suficiente como para ser mi abuela. El momento en el que ya no tendremos nada más que decirnos pronto llegará, seguido de la incomodidad que siempre lo acompaña. Pero todavía es muy temprano como para llamar a Christian, así es que acepto la propuesta de Violaine. Sus habitaciones se encuentran en el tercer piso, por lo que yo misma tuve el impulso de tomar el elevador, pero esta mujer que me lleva más de sesenta años pasa enfrente del mismo sin siquiera tomarlo en cuenta.

—¿Te molesta si vamos por las escaleras? Hoy me siento muy bien y me gusta aprovechar cuando eso sucede.
—Uhm... no, no. Ningún problema, respondo mientras le abro la puerta de las escaleras.
—Sabes, el simple hecho de poder subir a pie el día de hoy es suficiente como para sentirme feliz. Tal vez puede parecer absurdo para una joven de tu edad, pero eso también es lo bonito de una relación intergeneracional.

Efectivamente. Sin embargo, en lo que a mí concierne, digamos que yo sí necesito experiencias más estimulantes para encontrar felicidad. ¡En fin! También tengo la capacidad de entender muy bien su punto de vista. En el fondo, tal vez yo me la paso quejándome de cosas sin importancia todo el tiempo. Estoy joven, tengo salud (al menos física), tengo papás —no, tutores— y una amiga… misma que seguramente acabaré perdiendo. También tengo problemas con mis estados de ánimo, no tengo nada que les guste a los chicos, tengo una madre biológica que está loca, un padre que se…

—Espera un poco, Charlie, dice Violaine con un jadeo, interrumpiendo de pronto la escalada de mis pensamientos negativos. Vas demasiado rápido para mí.

—Oh, lo siento…

¡Sí! Quizá me quejo por nada. Tengo que dejar de ver solo el lado negativo de las cosas. No soy una víctima. Un rayo de luz está escondido en alguna parte en mi interior. Bueno, tal vez está muy bien escondido, es verdad, pero sí existe y tengo que encontrarlo si no quiero acabar como mi padre. De hecho, en menos de una semana será el aniversario de su muerte. El 14 de octubre es un auténtico día de mierda.

—¿Estás bien? Pregunta Violaine.

—Pues… sí, ¿por qué?

—No sé… pareces estar triste y como perdida en tus pensamientos.

—¡Estoy bien! Tal vez solo estoy un poco cansada.

No conozco muy bien a Violaine, sin embargo, estoy segura de que no me cree. Se nota a leguas. Es gracioso, pero, mientras más estoy con ella, más me doy cuenta de que esta mujer puede ver a través de mí, puede leerme como libro abierto. Me sonríe discretamente y, como si no pasara nada, sigue subiendo las escaleras.

—Te voy a enseñar mi colección de libros. Vas a ver, es bastante impresionante. Sé que eres muy buena para el francés, pero no me has contado si te gusta leer.

—Sí me gusta. A veces leo algunas novelas.

Lo primero que percibo cuando entro a su casa es el olor. No podría decir que no huele bien, al contrario, huele a algo reconfortante. Algo que me recuerda a *mamie* Pépin, la mamá de mi papá. Patchouli… o algo del tipo "perfume de abuelita". Puedo asociar ese olor a las pocas veces que fuimos a Gaspésie, a la casa de mis abuelos en la playa, al descanso de los dramas nocturnos de mi madre que jamás iba con nosotros, y, sobre todo, a esa presencia femenina tranquilizadora. Mi abuela paterna representaba para mí la imagen de una mujer fuerte. No sabría decir por qué exactamente. Probablemente solo era porque no se la pasaba todo el tiempo llorando y quejándose de su suerte como lo hacía mi progenitora. Si mis abuelos hubieran sido más jóvenes y no hubieran vivido tan lejos, seguramente me hubiera ido a vivir con ellos después del suicidio de mi padre. Eran lo más cercano que tenía a una familia, pero la dirección de protección de menores prefirió colocarme en casa de unos perfectos extraños a quienes no les importo nada.

En resumen, el olor del departamento de Violaine me recuerda a mi abuela y, especialmente esta mañana, eso me hace muchísimo bien. Me invita a sentarme a la mesa.

—¿Quieres un café o un té?

—Uhm… un té, ¿por qué no?

Café, té, infusión… de hecho, me importa muy poco. Tuve mucho frío durante la noche; una bebida caliente me hará entrar en calor. El café no fue suficiente. Luego de poner agua a hervir, mi corresponsal se dirige a su biblioteca y me invita a ir con ella. Su departamento es tan pequeño, que solo doy dos pasos y estoy junto a ella. El librero está lleno a reventar. Ocupa casi todo el espacio de la mini salita y contiene al menos quinientos libros.

— ¿Los has leído todos? pregunto.

—¡Claro! Algunos incluso dos o tres veces. Este es mi favorito. Lo he leído cuatro veces, dice mientras lo saca de la repisa.

Nunca me ha gustado tanto una novela como para leerla dos veces, si acaso una sola vez. Me imagino que antes de la llegada del Internet y de la televisión, la gente leía más.

—Se llama *Mathieu*. Fue escrita por Françoise Loranger, una gran escritora de Quebec, y fue publicada a finales de los años 40's. Cuenta la historia de un joven inadaptado que tiene muchos problemas para aceptarse a sí mismo.

—Suena interesante.

—¡Te lo presto, si quieres! —me interrumpe de pronto, como si hubiera estado esperando el momento justo para ofrecérmelo.

No tengo cabeza para leer en estos momentos, pero temo decepcionarla si lo rechazo. Acepto con una gran sonrisa para intentar ocultar mi falta de interés. Sobre la mesa, al lado de la biblioteca hay una fotografía en blanco y negro enmarcada en la que se ve a una hermosa mujer cantando en un escenario.

—¿Es usted?

—Así es. Hace mucho tiempo, como podrás darte cuenta.

—De verdad era muy hermosa. Bueno… no quiero decir que usted… que ya no lo sea ahora.

—No te preocupes, entiendo muy bien lo que quieres decir. Gracias por el cumplido. Es verdad que rompí algunos corazones, pero estoy segura de que tú romperás todavía más.

—Bah… como se lo dije, no soy muy popular.

—Espera algunos años. A tu edad, los chicos todavía no saben reconocer las grandes bellezas, me dice con una sonrisa pícara.

El silbido de la tetera viene a salvarme de la pena que estaba empezando a sentir y que me incomodaba mucho. Me instalo en la mesa mientras Violaine me sirve un té.

De pronto, me sacude la idea de que esta viejecita está tomando poco a poco un lugar cada vez más significativo en mi vida. ¿Por qué tengo la costumbre de apegarme a la gente que me va a abandonar? Estoy segura de que Violaine no me dejará caer de manera intencional, pero es mayor y está enferma; debo ser realista: pronto va a morir y eso me llevará a vivir otro duelo. El hecho de haber visitado su ambiente, de haberla escuchado compartir conmigo su pasión, y de haberla visto en su juventud, rápidamente me ha acercado a ella. Luego de haber compartido algunas cartas y de un encuentro, siento que la conozco tanto si no es que más que a Marie-Joëlle. Debo cuidarme para no encariñarme demasiado con ella. Si hay algo que no necesito en estos momentos es perder a alguien. ¿Por qué será que todo lo que es susceptible de hacerme feliz también puede hacerme daño? ¿Por qué mis relaciones no pueden ser simples?

—Aquí tienes, querida, ¡un té de jazmín!

—G… gracias, señora Simard.

—Llámame Violaine. Y háblame de tú. De hecho, ¡te exijo que me tutees! me dice con expresión cómplice.

Tengo ganas al mismo tiempo de salir corriendo y de quedarme con ella por horas. Más vale que no me quede demasiado tiempo. Eso es: me voy a quedar el tiempo suficiente para tomarme el té, pero después de eso haré como si me hubiera llegado un mensaje de Christian anunciando que ya viene por mí. De aquí a entonces, voy a aprovechar el momento y le pediré que me platique de la época en la que cantaba en el bar. Confieso que esta faceta suya me fascina.

—Oh, ya sabes, no fue tan maravilloso como parece. Viví experiencias hermosas con públicos muy receptivos, pero, en general, cantaba en bares dudosos frente a clientes borrachos e irrespetuosos.

—¿Sí? ¿Irrespetuosos cómo?

—Pues… irrespetuosos como una persona en estado de ebriedad… dice con tono amargo.

No se necesita ser adivina para entender que esa respuesta evasiva oculta un recuerdo particularmente doloroso. Es claro que no quiere profundizar al respecto ya que de inmediato cambia de tema. Conozco muy bien ese tipo de situación…

—Entonces… háblame de tu talento para las percusiones.

—"Talento" es una palabra muy fuerte. Por el momento, me desahogo. Me gustan los ritmos, me ayuda a canalizar mis emociones que a veces son demasiado intensas.

No tengo la costumbre de hablar de mi vida. Y menos con personas que apenas conozco. Quisiera hacerlo con ella por escrito, pero estoy a punto de enredarme en las confidencias cara a cara, y eso me causa mucha angustia. Por temor de que resurjan recuerdos aún demasiado violentos, busco desesperadamente una salida.

—Me… me gusta mucho la música… intensa. Me tranquiliza… de alguna manera.

Estoy desvariando… y claramente Violaine ya se dio cuenta. Es una locura hasta qué punto parece entenderme. ¡Me reconozco en una mujer de ochenta años! Siempre supe que no era como las demás chicas de mi edad. Mi amiga y yo no somos de la misma generación y tampoco tenemos los mismos intereses, sin embargo, una cosa más profunda nos une. Ella vivió una experiencia particularmente difícil, estoy segura. Tengo una excelente intuición para ese tipo de cosas.

Mientras tanto la angustia sigue invadiéndome. Tengo miedo de involucrarme. Temo acabar sufriendo. Pero, ¡¿POR QUÉ demonios?! tengo que salir de aquí. Pensar bien en todo esto. Tomar cierta distancia y tiempo para analizar mejor el impacto negativo que esta relación puede tener en mí. Es suficiente para un primer encuentro. Estoy agotada física y psicológicamente.

Busco en el bolsillo de mi saco y tomo mi celular.

—¡Oh! mi padre me envió un mensaje para decirme que llega por mí en cinco minutos. Voy a tener que bajar.
—No hay problema. ¿Quieres que te acompañe hasta la recepción?
—No, no. No vale la pena.

Un poco apenadas, prometemos escribirnos muy a menudo. Me invita a venir a verla de nuevo, "si tengo ganas". Le aclaro que, de todas formas, algún día tendré que regresarle su libro. Me sonríe como dándome a entender que "justo para eso me lo presta…" Bueno, interpreto un poco, pero estoy convencida de que tiene ganas de que la visite otra vez. Eso me tranquiliza… y también me asusta al mismo tiempo. Aunque este primer encuentro haya sido un poco extraño, no me queda la menor duda de que quiero mantener esta relación… al menos de forma escrita. Por lo demás, ya veremos. Tengo que protegerme antes que todo.

Cuando salgo del CHSLD son veinte para las diez de la mañana. Camino unos minutos hacia el centro de la ciudad antes de llamar a Christian. Le digo que estoy en la cafetería *Tim Hortons* con Marie-Joëlle y le pido que pase allí a recogerme.

En el camino de regreso, mi tutor me cuenta que Nathalie y él perdieron la casa que querían comprar porque no han podido vender la suya. Esta noticia normalmente me hubiera dado la esperanza de quedarnos en Montreal, pero sé que solo es cuestión de tiempo antes de que encuentren otra casa y, de todas maneras, no tengo energía para estar contenta. Estas últimas horas he vivido una mezcla de emociones. Solo quiero llegar a mi cama.

⊤

Al llegar la noche, antes de dormir, recibo finalmente el mensaje que tanto temía. Como lo esperaba, Marie-Joëlle está enojada. Normalmente, un mensaje como ese me hubiera desencadenado una crisis de angustia, salvo que estoy tan cansada que mi cerebro ni siquiera logra hacerme sentir ansiosa. Sin embargo, sé muy bien que mañana el pánico se apoderará de mi cabeza. De aquí a entonces, trato de calmarme lo mejor que puedo.

"Lo siento muchísimo. Bebí demasiado y me puse mal. Estaba demasiado avergonzada como para decirte. Mi padre fue a buscarme. ¿Estás enojada?"

Lucho contra el cansancio varios minutos mientras espero su rápida respuesta. Cierro los ojos luego de dejar escapar algunas lágrimas.

CAPÍTULO 6

Hace una semana que casi no duermo. Mi psicóloga me había advertido que mi salud física tiene un impacto en mi salud mental. El consumo de drogas y de alcohol, así como la falta de sueño pueden contribuir a mis estados depresivos o a mis crisis de angustia. ¡Fui muy estúpida por ir a esa fiesta y dejarme ir hasta ese punto! Durante los días que siguen, tengo que estar muy pendiente si no quiero quebrarme.

Desde esa noche, la mayoría de los amigos de Alexis me miran de forma extraña. No sé qué les haya platicado sobre mí, pero probablemente no es algo muy brillante. Y seguramente tampoco es la verdad. Marie-Joëlle me jura que no les dijo nada sobre lo que pasó entre él y yo… pero no soy tonta: la actitud de ella también cambió. Sé que algo está pasando. Normalmente hubiera buscado entender y me hubiera imaginado decenas de escenarios, pero, esta semana es distinto. Primero tengo que preocuparme por sobrevivir. Tengo que atravesar mi tormenta.

Este viernes por la mañana, no me levanté para ir a la escuela. Era de esperarse. Hace tres años, mi padre llegó a la conclusión de que ya nada valía la pena… ni siquiera yo. Oficialmente, el 14 de octubre es un día de descanso para mí. Christian y Nathalie saben que no estoy bien. Solo vinieron a verme para asegurarse de que no estuviera "demasiado" mal. De todas maneras, no hubieran sabido ni qué decirme. Simplemente parece que no hay nada que decir.

En general, me llevan al cine por la tarde para tratar de distraerme. Apenas funciona, pero al menos es un poco mejor que quedarme encerrada en mi recámara repasando una y otra vez la película de los peores minutos de toda mi vida. ¡De por sí ese cortometraje del terror está fijo en mi cabeza prácticamente todas las noches!

Son las 3:45 y regreso caminando de la escuela. Como de costumbre, paso frente a la tienda de la esquina y, ese día, uso el dinero que saqué de la venta de cigarros que le robé a mi madre para comprar gomitas sabor frambuesa azul (eran mis favoritas en esa época).

Me como de prisa mi montaña de dulces en el camino a casa. No quiero que mi padre me vea con esos dulces porque se preguntaría cómo pude pagarlos.

Llego a mi casa y espero unos segundos antes de abrir la puerta, el tiempo suficiente para terminar mi último bocado. La casa está particularmente tranquila. Tal vez está vacía. Como el automóvil de mi padre está estacionado afuera, concluyo que seguramente está en el garaje. No me sorprende no encontrar a mi madre, ya que muchas veces sale a dar una vuelta para distraerse, porque está desempleada a causa de su depresión. La mayoría del tiempo va con su amiga Josée, y juntas se ponen a tomar hasta emborracharse.

Aprovecho el hecho de que tengo la casa para mí solita para ir al sótano a oír música a todo volumen. Al bajar los escalones, me quito el back-pack y meto la mano para buscar mi reproductor de mp3. Al llegar abajo, busco a tientas el interruptor con una mano, mientras que con la otra sostengo mi aparato y recorro la lista de canciones. Una vez que enciendo la luz, me dirijo hacia el aparato de sonido, absorbida por la pequeña pantalla táctil por la que desfilan todas las canciones. Ni siquiera me molesto en ver por dónde camino, ya que conozco el lugar de memoria. Cuando era chiquita, me divertía contando los pasos que había entre los diferentes objetos: más o menos siete desde la puerta hasta el mueble de la televisión. Sigo mi camino, cuando de pronto tropiezo con algo.

Al levantar la cabeza, me toma algunos segundos tomar consciencia de lo que estoy viendo. Sé lo que es, pero soy incapaz de darle un sentido a las imágenes que llegan a mi mente. Lo que sucede es absurdo e irreal. Me quedo allí, impasible, viendo el cuerpo de mi padre que se balancea al final de una cuerda. ¿Cómo pudo pasar eso? Siento que las piernas se me empiezan a entumir. Enseguida, la realidad me da un latigazo. El shock es de una violencia tal que me tira al suelo. Trato de pronunciar una palabra, pero no puedo.

—P... P...

La cabeza me da vuelta, mi cuerpo tiembla. Me ahogo.

—Pa... Pa...

Estoy a punto de perder la consciencia cuando la idea de que tal vez todavía esté vivo pasa por mi mente. Animada por una descarga de adrenalina, me levanto, abrazo su cuerpo y trato de levantarlo para que pueda respirar. Mis esfuerzos son en vano. Es demasiado pesado y su cadáver solo se mece todavía más en esa maldita cuerda.

¡La cuerda! ¡Tengo que cortar la cuerda!!!

Subo la escalera con zancadas grandes y mal coordinadas. Me caigo varias veces, pero me levanto en seguida. No controlo mis pensamientos ni mis movimientos. Las lágrimas corren sin parar a lo largo de mis mejillas. Dentro de mí estoy aguantando un alarido que podría hacer temblar al planeta. Abro la puerta del garaje, tomo una sierra de madera y regreso al sótano a toda velocidad.

Jalo el sofá cerca del cuerpo que cuelga. Me subo al respaldo. Serrucho. Lloro. Serrucho. Aprieto los dientes. Serrucho.

La cuerda al fin termina por ceder y el cadáver se desparrama en el piso.

Me tiro encima de mi padre. Lo sacudo. Nada. Está todo azul. El grito en mi interior se vuelve cada vez más insoportable. Lo sacudo de nuevo. Más violentamente. Papá, despierta. Despierta...

—*¡PAPA!!! ¡DESPIERTA, DEMONIOS!!! ¡PAPAAAAAAA!!!*

Tengo su cabeza entre mis manos y clavo mis ojos en los suyos. El sufrimiento impregna su mirada. De pronto puedo darme cuenta de que murió triste. Murió solo. Mecánicamente, comienzo a peinar su cabello. Tengo la extraña sensación de que los roles se acaban de invertir. Yo soy el adulto protector y él es el niño vulnerable. Salvo que ya es demasiado tarde. Sé muy bien que no sirve de nada que haga esto, pero supongamos que todavía puede sentir lo que pasa dentro de esta habitación, y saber que estoy aquí. Sentirá el amor que trato de comunicarle y tal vez se irá con una última felicidad.

—Te amo, papá. ¿OK? Te amo. Lo sabes, ¿verdad, papá?

Estiro mi brazo para alcanzar el teléfono y llamo al 911. Agotada y perdida, dejo caer la bocina al suelo antes de que la telefonista conteste. Jalo a mi padre hacia mí y empiezo a mecerlo. "Te amo, papá, te amo…", le repito sin parar entre sollozos.

No sé cuánto tiempo ha pasado entre mi llamada al 911 y la llegada de los paramédicos. El resto de mi recuerdo es muy vago. Un policía que me habla y que intenta hacer que suelte a mi padre. Muchas preguntas. La ambulancia. El coche de policía. El hospital. El médico. La mujer con voz dulce.

"Soy el doct… y ella, es Élaine, la…"
"Hola… Charlie, ¿no es así?"
"… ¿qué es lo que recuerdas?"

Siento la furia escalar dentro de mí. Contra mi madre, que siempre nos contaminó con su depresión. Contra mí misma, porque seguro debí ser una carga para mi padre. Contra éste último, porque me abandonó. Contra ese supuesto Dios, que no hizo nada para salvarlo. Estoy furiosa contra toda la humanidad por ser tan horrible. Siento la rabia que corre por mis venas.

Es más fuerte que yo: me paro de un salto y tiro todo lo que encuentro a mi paso. Golpeo la pared, escupo en la cara del doctor. Grito. Muchas personas me abrazan para tratar de controlarme. Me mantienen contra el suelo a la fuerza. El dolor en mi cabeza es tan violento, que ahora sí siento que voy a estallar. Es como si cayera de pronto en otro mundo; una copia todavía peor que este mundo normal en el que ya de por sí soy prisionera.

De golpe, me asalta un mareo intenso y no puedo respirar. Luego, la idea de que tal vez me estoy alejando de la vida me tranquiliza mucho.

Me voy a reunirme con mi padre... él... ya no va a... estar solo...

Abrí los ojos casi veinticuatro horas después, atada a una cama de hospital. De hecho, nunca me desperté realmente de esa pesadilla. Ese episodio fue solo una transición hacia esta oscura realidad en la que vivo hasta el día de hoy. Entonces, para este mórbido aniversario, Christian y Nathalie hacen lo que pueden para darle un poco de brillo a mi día y eso me conmueve. Su esfuerzo no tiene el resultado deseado. El 14 de octubre es una fecha dañada para siempre. Ni toda la energía nuclear del mundo bastaría para iluminarla. Ya lo acepté. Espero que pase y eso es todo.

T

—Dime cómo te sientes hoy, pregunta Marie-Christine, mi psicóloga.

Me hace esta misma pregunta estúpida siempre al inicio de la sesión y, aunque a veces le contesto que estoy bien, ella debería de saber que hoy, las posibilidades de que eso ocurra son muy escasas. Normalmente me reúno con ella la víspera del aniversario del suicidio de mi padre, pero, este año, estuvo toda la semana fuera del país por un congreso o algo por el estilo. Me hubiera hecho mucho bien sacar algo de enojo; hubiera liberado algo de espacio antes del día negro para evitar que me desbordara. Y siento que eso es justo lo que puede pasar. No es como si tuviera un gran margen de maniobra. Conmigo es muy fácil llegar a un punto en el que hay demasiadas emociones juntas.

Por lo tanto, tuve que esperar todo el fin de semana antes de ver a mi terapeuta, lo cual contribuyó a alimentar esta tristeza que siento el día de hoy.

—Estoy mal… le confío con un nudo en la garganta. Me siento… vacía.

—Sí, me lo temía. Es normal: los aniversarios reviven recuerdos y reabren las heridas. Es difícil de creer, pero la mayoría de las mismas terminan por cicatrizar.

—Ya sé, pero ya me urge estar bien. ¡Y siento que no puedo!

—Ya has empezado a sanar. En tu caso, la herida es en verdad muy profunda. Tu recuperación será más larga. Lo importante es mantener la esperanza. Aun cuando a veces crea que no la hay, créeme, siempre hay una pequeña luz en alguna parte. Es solo que tu dolor no te deja verla. Es un poco como si trajeras lentes de sol para mirar la luna en medio de la noche.

No se equivoca. Después de la muerte de mi padre, tenía dificultades para distinguir el día de la noche. Ni la luz del sol podía aliviar mi tristeza nocturna.

—Si quieres, me gustaría probar algo nuevo hoy contigo, me dice.

Acepto con un pequeño movimiento de la cabeza. Ella estira el brazo hacia su escritorio.

—¿Ves esta hoja negra? Pues bien, imagina que representa todo lo que te pone triste, todo lo que te causa ansiedad y que te complica la vida: un pleito con una amiga, un problema en la escuela, el miedo de perder a alguien… un recuerdo doloroso.

—Ok…

—¿Tienes ganas de decirme cada cosa?

—Uuh… es demasiado. No sé por dónde empezar.

—Por donde tú quieras.

—Pues… está… mi cambio de escuela… De hecho, casi todo me estresa. Tengo miedo de parecer una tonta frente a los demás, de fallar en la escuela, de ser abandonada, de estar sola, de involucrarme con las personas, tengo miedo de… perder lo que amo. Tengo miedo de no poder borrar los recuerdos de mi padre colgado…, logro decir sin llorar.

—Es mucho, ¿no?

—Sí…

—Tal vez no podrás borrar ese recuerdo, pero, con el tiempo, podrás aprender a vivir con él.

Enseguida, ella deja que el silencio se instale entre nosotras y me ve a los ojos. Estoy a punto de reventar, pero trato de aguantar lo más posible. Me sonríe, como para darme a entender que me entiende, y luego se estira nuevamente hacia su escritorio y me muestra una hoja blanca.

—Ok, ahora, imagina que esta hoja representa todo lo que amas, todo lo que te hace feliz: personas, actividades, lugares, objetos… ¡lo que sea!

—No veo a qué quiere llegar con esto…

—Pronto vas a comprender. ¿Podrías decirme lo que puede simbolizar esta página?

Quisiera poder responder algo. El problema es que, en este momento, no hay nada positivo en mi vida. Estaba Marie-Joëlle, pero la siento un poco distante desde la fiesta en casa de Alexis. Me pregunto incluso si la relación con mi amiga no estará en la hoja negra.

—No sé…

—¿No hay absolutamente nada? ¿Ni siquiera una cosita que te haga sonreír de vez en cuando?

—Pues… tal vez la batería. Normalmente… me desahogo. Pero no tengo muchas ganas de tocar últimamente. No tengo energía.

—Es normal. Al menos tienes una pasión.

—Sin embargo, no puedo decir que sea realmente una pasión.

—Llamémosle un interés. O incluso, un pasatiempo. Eso es. ¿Algo más?

—No, nada…

—¿Y ese proyecto de mensajeros intergeneracionales del que me habías platicado? Parecía gustarte eso. Tus cartas con… ¿Violaine, se llama?

¡Es verdad! No lo había pensado. Pero todo eso va a terminar y puede hacerme daño algún día.

—Sí, confieso. Eso también un poco.

—Creo que sí tenemos algo. Bueno, ahora quisiera que pusieras la hoja negra encima de la blanca y que me dijeras hasta qué punto tu tristeza cubre tu felicidad en estos momentos.

No estoy bien y ella lo sabe. Pero, el hecho de hablar de las cosas, siempre podemos lograr relativizarlas. Este jueguito que quiere hacerme jugar, no obstante, le dirá mucho acerca de la oscuridad y de las preocupaciones que viven en mi mente. Una imagen vale más que mil palabras, después de todo. Por una parte, preferiría guardarme todo para mí misma. Por la otra, confieso que me liberaría mucho que ella comprendiera la magnitud de mi oscuridad.

Tomo una respiración profunda y deslizo la hoja negra sin detenerme hasta que apenas queda un filo blanco de un milímetro. Marie-Christine permanece en silencio durante unos largos segundos.

—Tu dolor en verdad ocupa mucho lugar…

Le hago una señal afirmativa con la cabeza. Tengo miedo de ponerme a llorar si abro la boca.

—Pero aún no lo ocupa todo, y eso es lo que cuenta. Va a ser importante trabajar en lo positivo. Juntas vamos a hacer lo necesario para que la felicidad y los pensamientos agradables recuperen poco a poco su lugar en tu vida. Estoy segura de que lo lograremos. Tienes derecho a ser feliz como todo mundo.

No aguanto más y me derrito en llanto. Tiene razón: necesito que el sol salga en mi vida.

Marie-Christine viene a sentarse a mi lado y pone su mano en mi hombro. Me quedo llorando varios minutos antes de calmarme.

—Tú y yo tenemos un objetivo muy preciso: impedir que tu línea blanca desaparezca por completo.

Hay veces en las que tengo miedo de hacer lo mismo que mi padre, aunque sé que no quiero morir realmente. De hecho, lo único que deseo es sentir menos dolor. Mi psicóloga dice que irá disminuyendo con el tiempo, aunque me cuesta trabajo creerlo.

—Háblame un poco de ese proyecto de los mensajeros intergeneracionales y de la famosa Violaine.

Mi reunión con Marie-Christine me permitió faltar medio día a la escuela. Siento aprehensión por mi regreso a clase, ya que sé que ya no tengo un lugar con Alexis y sus amigos, y, como ahora es novia de Rémi, estoy segura de que Marie-Joëlle también se alejará de mí. Me quedaré sola en esta escuela que me impusieron contra mi voluntad.

El consultorio de mi psicóloga está en Montreal, por lo que Nathalie me propuso llevarme a Saint-Bruno. Traté de negociar otra tarde libre, pero ella se rehusó. "Te hará mucho bien ver a tus amigos." Me gustaría decirle que eso es justamente lo que me angustia, pero eso me obligaría a contarle lo que sucedió en la fiesta de Alexis o a inventar alguna historia. En cualquiera de los dos casos, no tengo fuerzas. Preferí tomar dos ansiolíticos para poder pasar un día relativamente normal.

Unos minutos antes de llegar a la escuela, recibo un mensaje de Marie-Joëlle.

"No te hemos visto desde el jueves pasado. ¿Qué pasa contigo? Por cierto, lamento no haberte llamado el fin de semana, estuve muy ocupada."

Salgo del automóvil, me despido de Nathalie y me quedo plantada frente a la puerta del edificio, pensando qué responderle a Marie. Mi reloj marca que la campana del descanso sonará en cuatro minutos. Me apresuro a escribirle un mensaje neutro y entro de prisa para evitar a la muchedumbre al ir a dejar mi mochila a mi casillero.

"Estuve enferma, pero acabo de llegar. Nos vemos más tarde."

Recibo su respuesta unos segundos más tarde: "ven a verme a la puerta C en cinco minutos. Quiero hablar contigo."

El ratoncito dentro de mi cabeza se pone a correr a toda velocidad. ¿De qué quiere hablarme? ¿Acaso habrá empezado a circular un rumor sobre la noche en casa de Alexis? ¿Marie-Joëlle querrá decirme que ya no quiere ser mi amiga? Qué suerte que tomé mi medicina… y que poco a poco está haciendo efecto, ya que mi cerebro está a punto de convertirse en un automóvil Fórmula 1 que va directo a estrellarse contra una pared de crisis de angustia. ¡Cálmate, Charlie! Probablemente solo quiere saber por qué faltaste a la escuela…

Aprovecho el aire fresco para tomar unas respiraciones profundas antes de entrar. Sería mucho más fácil si pudiera apretar el botón de apagado por mí misma, sin tener que tomar estas malditas pastillas. Pero bueno, todavía no puedo y tengo que confesar que mi medicamento me ayuda a ser funcional socialmente hablando. De lo contrario, lo único que podría hacer sería hundirme cada vez más temiendo todos los acontecimientos negativos que podrían ocurrirme.

Por el momento, tengo que ser razonable. Debo evitar pensar lo peor. Marie-Joëlle solo quiere tener noticias mías. ¡Es todo!

"Ok, te veo allí."

Seguramente me hará bien ver a mi amiga. Tal vez debería hablarle un poco más sobre mí, abrirme con ella. Tal vez si supiera acerca de mi pasado y mi posible problema de ansiedad podría entenderme mejor. Después de todo, para eso sirve la amistad. Al menos, eso pienso. Sobre todo, eso deseo.

Al llegar a la puerta C, veo a Marie. Parece que sonríe al verme. Su actitud me tranquiliza. Si tuviera algo malo que decirme, no tendría esa expresión en el rostro.

—¡Cha! ¡empezaba a preguntarme si estabas muerta!

Como única respuesta, le ofrezco una sonrisa un poco forzada. Físicamente estaba viva. Psicológicamente era otra cosa. Tal vez no estaba muerta, pero no tenía fuerzas para nada.

—Estuve enferma. Me contagié de algún virus. Una gripa… o un resfriado. No sé bien, siempre los confundo.
—¿Tuviste fiebre?
—No… bueno, un poco.
—Seguramente fue gripa.

—No es importante.

—Sí… ¿y por qué no estabas en clase esta mañana?

—Tuve una… cita con el doctor. Pero, ¿no querías hablarme de algo?

—¡Oye! ¡No seas odiosa!

Tiene razón. Para alguien que teme perder a su mejor amiga, no hago precisamente lo necesario para evitar que eso suceda. Soy verdaderamente una experta en el arte del auto-sabotaje. Pero, ¿por qué tiene que hacerme tantas preguntas? ¿Desde cuándo hay que hacerle todo un interrogatorio a alguien por faltar un día a la escuela?

—Disculpa. Es solo que… no estoy bien. Estoy agotada. Tengo menos paciencia últimamente. ¿De qué querías hablarme?

—Claro, justo quería decirte que siento que estás… diferente desde hace un tiempo. Nada grave. Quiero decir: es cierto que no te ves muy bien que digamos. ¿Acaso pasó algo estos últimos días?

¡Ya está! Ya me cansé de ocultarle este lado oscuro que tengo. Si quiero que nuestra amistad pueda durar, tengo que dejar de engañarla. Además, evidentemente ella ya se dio cuenta de que algo no está bien. La situación solo se complicará si no me abro con ella.

—¿Quieres saber por qué estoy "diferente" últimamente? Pues sí, lo que sucede es que fue el aniversario de la muerte de mi papá biológico, ¡hace tres años que él se colgó y yo lo encontré! Y desde ese día, pues me he convertido en una loca que está a punto de tener una crisis de angustia cada vez que algo me molesta un poco.

Logré contarle todo eso sin llorar... pero fue demasiado. Me derrumbo delante de mi amiga quien, visiblemente incómoda, busca desesperadamente qué decir. Una cosa es segura: se esperaba todo menos esto.

—Cha... yo...

Conozco muy bien este tipo de situación. La verdad es que no hay nada qué decir. O, más bien, se pueden pronunciar toda clase de palabras, pero nunca son pertinentes.

—¿Quieres que vayamos a platicar a otro lado? pregunta Marie-Joëlle.
—Sí... me... gustaría más. No tengo ganas de que todos sepan que soy una loca.
—No eres ninguna loca, Charlie. Pero ven, me dice invitándome a seguirla. Vamos a un lugar cerca de la escuela.

Me seco las lágrimas al mismo tiempo que hago un esfuerzo considerable para mantener la barrera que impide que el lago detrás de mis ojos se desborde de nuevo. Con la cabeza baja para que los demás alumnos no me vean, sigo a Marie-Joëlle hasta nuestro destino en donde estaremos a salvo de las miradas indiscretas.

Una vez allí, me quedo en silencio por varios minutos.

—Puedes llorar, si quieres.

—No… está bien. Ya lloré mucho desde hace una semana. Tengo… tengo que ser fuerte. Debo pensar en mi línea blanca.

—¿Tu línea blanca?

—Sí… ya te lo explicaré después. Es muy largo y es mejor si empiezo desde el principio.

La empatía y la forma en la que mi amiga me escucha, me hacen tomar consciencia de que al fin nuestra relación se incluye en la lista de cosas positivas en mi vida. Mi línea blanca acaba de hacerse un poco más ancha. ¡Eso está muy bien!

Empiezo entonces a contarle mi vida. Bueno, los momentos de mi vida que me han hecho ser quien soy y que explican algunos de mis comportamientos. Quiero que sepa de dónde vengo y por lo que he pasado para que pueda comprenderme mejor. Le hablo de casi todo: del suicidio de mi padre, de mi paso por los centros juveniles, de mis diferentes familias adoptivas, de mi ansiedad, y también de mi episodio de automutilación después de la fiesta en casa de Alexis. Aprovecho también para contarle un poco sobre mi visita a Violaine. Pasamos el resto de la hora de la comida sentadas debajo de un árbol al lado de la escuela. Ella me escucha, me interrumpe a veces para hacerme preguntas y, sobre todo, me expresa su solidaridad. Hasta creo haber visto una o dos lágrimas aparecer en sus ojos. Cuando suena la campana, ella decreta que debemos tomarnos el resto de la tarde libre.

—Pero no puedo. Ya falté esta mañana.

—¿Qué diferencia hace medio día de más o de menos?

—Y tú vas a tener una ausencia injustificada. Tus padres te van a regañar.

—Les diré que una amiga me necesitaba. Ellos lo entenderán.

—¿Y qué hacemos? ¿A dónde vamos?

—No importa. Podemos pasear y platicar.

—¡Muy bien!

La solidaridad de Marie-Joëlle me calienta el corazón. No quisiera que tuviera problemas por culpa mía, pero ella fue la que propuso que no entráramos a clases. Yo me opuse por mero trámite, ya que sabía bien que ella insistiría. Si mis tutores me regañan por haber faltado a clases, solo tendré que decirles que tenía que "alimentar" mi línea blanca.

—No quiero echarle más limón a la herida, pero no puedo creer lo que te hizo Alexis.

—Ahora entiendes por qué trato de evitarlo lo más posible… pero, Marie, quiero que me prometas que no vas a contarle a nadie lo que acabo de decirte.

—¿Y Rémi? Es el mejor amigo de Alexis, podría hablar con él para hacerle entender que lo que hizo es completamente asqueroso.

—¡No! Para nada. Ya cambié esa página y quiero pasar a otra cosa.

—Ok, no se lo diré.

—¿Prometido?

—¡Prometido!

Me hace mucho bien tener a alguien en quien confiar. Solo espero que no me traicione. Me sorprendería, pero bueno, he aprendido a no confiar demasiado rápido. Ese mecanismo de defensa que he desarrollado con el tiempo me ha servido mucho, aunque tengo que admitir que también me ha hecho perder a personas que eran importantes. Tengo que confiar en mi instinto y, esta vez, me dice que debo creer en la amistad de Marie-Joëlle.

CAPÍTULO 7

Sorprendentemente, Christian y Nathalie no se escandalizaron de que hubiera faltado a mis clases de ayer en la tarde. Les conté que decidí confiar en Marie-Joëlle y hablarle un poco más de mí y de los eventos que me han formado. Incluso, Nathalie pareció estar contenta; dice que estoy progresando.

Esta mañana, mi regreso a clases me motivó un poco: empiezo con clase de ética y espero haber recibido carta de Violaine. Para evitar miradas inquisitivas por mi ausencia, decido entrar al salón antes de la hora. Es una medida preventiva. Bueno, tal vez me adelanto demasiado; dos días no son nada, y la mayoría de los alumnos probablemente ni siquiera se dieron cuenta de que no estaba. En fin.

El salón se va llenando poco a poco después de que suena la primera campana. Con excepción de la maestra, misma que me saludó al entrar, nadie me presta atención. Salvo, tal vez, Alexis, quien me dirigió una mirada sutil, misma que evité fingiendo que buscaba algo en mi *back-pack*. Al principio de la clase, la señorita Chartier nos anuncia un periodo de trabajo individual consagrado a escribir una reflexión personal sobre el tema de la justicia inspirada en las lecturas hechas en clase durante las dos últimas semanas.

—Pueden abordar el tema desde distintos ángulos. El sentido de la palabra "justicia" puede ser penal, es decir, el sentido de la ley; personal, como cuando alguien se hace justicia a sí mismo; o bien puede ser social, dentro de la perspectiva de igualdad de oportunidades y de solidaridad colectiva. En resumen, deberán exponer su manera de concebir el principio de justicia y lo que ésta significa para ustedes, así como su importancia dentro de nuestra sociedad, sus fallas y sus ventajas. Deberán ser entre doscientas y cuatrocientas palabras, y podrán consultar sus apuntes y buscar en Internet.

Analizo unos minutos las posibilidades y los distintos ángulos propuestos por la señorita Chartier, pero, en el fondo, ya sé cómo voy a abordar el tema. Las leyes son importantes en la sociedad; sin embargo, el aspecto legal no me interesa tanto realmente. Tengo que elegir un punto de vista que me inspire para poder escribir una reflexión que esté de acuerdo conmigo. Será la justicia social. Tengo mucho que decir acerca de la igualdad de oportunidades. O más bien, sobre la inequidad de las mismas.

No me faltan ideas, se atropellan unas a otras dentro de mi cabeza. Pero, ¿por dónde comenzar? ¿Por la pobreza, la intimidación, los prejuicios, el aislamiento, la falta de educación, las enfermedades, o los problemas de salud mental? Todas esas injusticias son el resultado de lo que mi psicóloga llama "la lotería de la vida". Ella usó esa expresión por primera vez al inicio de nuestras sesiones, poco tiempo después del suicidio de mi padre. "Desafortunadamente, ciertas personas nacen en la pobreza o con ciertas desventajas, otros en ambientes malsanos en los que puede haber violencia física o psicológica, o dentro de familias disfuncionales en las que encontramos problemas de salud mental."

Tal vez estoy loca, pero no soy estúpida: inmediatamente comprendí que éste último ejemplo hacía referencia a mi caso. Sabía que ella quería hacerme entender que yo no era responsable de lo que había pasado, que simplemente había nacido en una mala familia. ¡No me tocó un buen número a la hora de nacer! Me tocó mala suerte, eso fue todo. ¡Lástima!

¡Ya está! Ya encontré por dónde comenzar mi texto.

La vida es un poco como el póker: podemos venir al mundo con una buena mano… o no. Para aquellos que empiezan con una mala mano, la partida sin duda será más difícil de ganar. Van a necesitar más suerte que los demás.

El mundo es tan justo como puede serlo un casino. Ambos obedecen a una sola regla general: el azar. Desafortunadamente, la noción de azar rara vez es compatible con la de igualdad, por lo tanto, con la de justicia. ¿Por qué existen

personas que mueren de hambre mientras que otras desper-
dician la comida? ¿Por qué hay quienes nacen dentro de
hermosas familias perfectas cuando otros crecen entre gritos
y tristeza? Simplemente, porque la vida es injusta.

La clase pasa sin darme cuenta. Escribo mis re-flexiones como me van llegando a la mente. Sabía que una vez que encontrara mi punto de vista, sería difícil detenerme. La voz de la señorita Chartier pone un alto al impulso de mi inspiración.

—La campana sonará en quince minutos. Podrán entregarme su trabajo al final del día. Los que no hayan terminado, podrán continuar en casa y me traerán sus trabajos la próxima clase.

Mi texto probablemente ya tiene más palabras que las requeridas, así que utilizo el tiempo que me queda para formular una conclusión un poco fatalista.

La maestra aprovecha los últimos segundos de tran-quilidad antes de que suene la campana para informar-nos que Stéphane vino a entregar el correo del CHSLD.

—Audrey, Charlie y Jean-Sébastien, tienen una carta.

Es la primera que me manda Violaine desde mi visita. Me pregunto si el hecho de haberla conocido en persona disminuirá mi interés por nuestra corres-pondencia. Parece que no, ya que me precipito a ir por mi sobre. Aprovecho el descanso para encontrar un rincón tranquilo.

Buenos días Charlie,

Espero que todo vaya bien. Antes que nada, quería agradecerte por tu visita sorpresa el otro día. Fue muy agradable conversar con una joven llena de potencial y que tiene toda la vida por delante.

Hablando de la vida… es extraño cómo busca maneras para hacernos reflexionar. Tal vez te preguntarás por qué te comparto mis grandes cuestionamientos. Pue bien, simplemente porque tú formas parte de ellos. En el transcurso de los últimos días, recibí a dos personas que tenían significados muy distintos, por no decir opuestos. La primera fue una hermosa joven con un futuro lleno de promesas: tú. La segunda, un poco menos simpática, no vino a verme personalmente. Pero pude verla brevemente… o, mejor dicho, sentir su presencia. La semana pasada, estaba sentada junto a la cama de Lucille, la mujer de la que te hablé y que sufre de Alzheimer, justo cuando la muerte vino por ella. Su estado se había deteriorado luego de una neumonía y de varias complicaciones. Estaba en fase terminal y todos sabíamos que iba a morir pronto, pero no esperaba ser yo la que la acompañara en sus últimos momentos.

Me afectó mucho, eso es cierto, aunque no es la razón por la que te platico todo esto. A mi edad, y estando enferma yo misma, deseo enfocarme lo más que pueda en lo positivo. De hecho, tu visita y la muerte de Lucille me llevaron a reflexionar sobre mi propia vida, pero, sobre todo, sobre las cosas que quiero decir o hacer antes de dejar este mundo. Nuestras cartas y tu visita a la residencia me han convencido de intentar contactar de nuevo a mi hijo, con el cual no hablo desde hace varios años. Espero tener la oportunidad de recuperar mi relación con él y de poder hablar de la razón que nos separó. También me gustaría poder ver a mi pequeño nieto al menos una última vez.

En el fondo, esta larga carta que acabo de escribirte tenía como finalidad decirte tan solo una cosa muy simple: ¡gracias! Nuestra corta relación era lo que necesitaba para convencerme de hacer lo que me asusta tanto. El temor a un nuevo rechazo de parte de mi hijo me ha impedido buscarlo una última vez, pero ahora sé que no podría irme en paz sin haberlo intentado.

Una vez más, ¡gracias! Has tenido un impacto importante en la vida de una mujer anciana.

Una última cosa: sobre todo, que no te de pena venir a visitarme si tienes ganas.

Hasta muy pronto,
Violaine.

La carta de mi corresponsal me inquieta. Esta repentina decisión de reanudar la relación con su hijo me permite presagiar lo peor. Se siente la urgencia. Claro que la muerte de Lucille puede justificar su decisión, pero sospecho que Violaine está más enferma de lo que me dice. No me ha hablado mucho acerca de su estado, por lo que no tengo idea de la gravedad de su enfermedad. De hecho, ni siquiera sé qué tiene. Sé que a veces no se siente lo suficientemente bien como para salir de su casa… así es que tal vez es algo serio. Eso explicaría seguramente (al menos en parte) la reflexión sobre la muerte que acaba de compartirme. Si sabe que pronto va a morir, me gustaría que me lo dijera. Podría ponerle fin a nuestra relación de manera preventiva. ¡Sí! Así soy. Prefiero sabotear que sufrir. Aunque se trate de una señora mayor y que la conozca muy poco, vivir la pérdida de alguien es lo último que necesito ahora.

"Racionaliza, Charlie, me ordena el hemisferio izquierdo de mi cerebro. Ve las cosas de otra manera. Reflexiona en todas las cosas positivas que puede traerte esta situación."

Aprender a no dramatizar es la calve si quiero conseguir una cura duradera. Mi psicóloga prueba distintas maneras de ayudarme a desarrollar la costumbre de buscar un lado bueno en todo lo que me sucede. No siempre lo logro, pero al menos lo intento.

De hecho, la carta de Violaine podría contener algo positivo. De cierta forma, su testimonio me hace bien, ahora mismo, de inmediato. Tengo que dejar de ver demasiado lejos y de imaginar lo peor. La confianza que ella me demuestra contribuye a darle un poco más de sentido a mi vida a corto plazo y a aumentar mi línea blanca. No creo haber hecho nada excepcional por esa mujer (tomando en cuenta que el motivo de mi visita inesperada era la satisfacción de una necesidad personal); sin embargo, hay que reconocer que nuestra "amistad" le ayuda. Lo cual me ayuda a mí de regreso. Tal vez, en el fondo, solo soy una egoísta. Quizá, en toda esta historia, solo pienso en mi pequeña persona.

Puedo escuchar a mi psicóloga diciéndome que deje de culpabilizarme, que tanto mi corresponsal como yo salimos ganando, y que no tiene nada de malo sacar provecho de esta relación. Particularmente en mi caso. Y seguramente tiene razón. "Entonces, si tomamos un poco de distancia, Charlie… ¿tú también contribuyes a la felicidad de Violaine? Sí. ¿Acaso su felicidad aporta a su vez a la tuya? Sí. Por lo tanto, ¡sé feliz por hacer una diferencia en la vida de una anciana que necesita a alguien como tú!" Sería tan fácil si siempre pudiera razonar de esta manera. Un día, tal vez…

Mientras tanto, tengo que sentirme satisfecha con mis pequeñas victorias. Doblo de nuevo la carta de Violaine y la guardo en mi bolso al mismo tiempo que pienso en lo que le voy a responder. Suponiendo que está más enferma de lo que pensaba, debo hacerle saber que ella también ha tenido un impacto importante en mi vida. Tengo que decirle que contribuye a aumentar mi línea blanca. De esta manera, si debe morir pronto, se irá con el sentimiento de haber ayudado a una persona que lo necesitaba.

Le escribiré cuando salga de la escuela.

⊤

El día termina con una clase de educación física. Tengo que decir que hoy no estoy particularmente entusiasta. No es por culpa de la clase como tal (no soy demasiado deportista, aunque moverme me ayuda a cambiar mi mente y a terminar bien el día). Si voy de mala gana al gimnasio, es porque me da miedo que alguien vea mis brazos. Los cortes que me hice la noche de la fiesta de Alexis todavía son visibles y algunas heridas aún no han cicatrizado totalmente. Tomé la precaución de ponerme una camiseta de manga larga para tapar mis antebrazos, pero, si alguien llegara a ver mis lesiones, la escuela completa sabría que estoy loca. Con el bádminton, creo que tengo posibilidades de pasar inadvertida. Si hubiéramos jugado voleibol o basquetbol, los riesgos se habrían elevado y simplemente no habría asistido.

Entro con Marie-Joëlle a los vestidores en donde Ariane (la chica que adora enseñar el pecho) parece necesitar atención. Habla fuerte y muestra mucha actitud. Su tono de voz me agrede. Su cara también. Las personas que llaman mucho la atención me molestan el sistema nervioso. No sé si solo sea en mi cabeza, pero me parece que libera una energía negativa. La pequeña princesa arrogante parece buscar la aprobación de los demás con la mirada. No tendrá la mía. La tensión que flota en el aire empieza a angustiarme.

En mi prisa por alejarme de la presencia tóxica de Ariane, me quito la camiseta… delante de todas las chicas del vestidor.

—¡*My God*! ¿Qué te pasó, Charlie? me pregunta Éléonore, una amiga de la bruja.

Quisiera desaparecer. Hacer que mi cabeza estalle. Trato de ocultar mis cicatrices, pero lo único que logro es atraer aún más la atención a mis antebrazos. Ocurre exactamente lo que quería evitar a toda costa.

—¿Te auto mutilaste? me lanza Éléonore como una piedra en plena cara.

—¡¿Eh?! De… ¿de qué hablas?

Todo me da vueltas. Hasta los sonidos son confusos. Me dirijo a toda velocidad hacia una crisis de pánico. De un segundo al otro voy a romper en llanto.

—Estás… cielos… loca…

Esa última palabra resuena en mi mente como el eco de fuegos artificiales en el cielo y tiene el efecto de un puñetazo en la sien. Rápidamente me siento en el piso por temor a desmayarme. Siento una presencia junto a mí.

—Cierra…erra…erra… el hocico… ico… ico… ico…
Creo que es la voz de Marie-Joëlle, pero no estoy segura.

—Eres una idiota… ota… ota… iiiidiooootaaa…. ota…
—CH… AR… LIEE… IIIE…

Todo se pone negro. Nunca me había sentido tan mal en toda mi vida. Mi cabeza da vueltas, me duele todo el cuerpo. Entro en pánico. Normalmente, trato de enfocarme en ideas concretas y tranquilizadoras para recuperarme más pronto, pero esta vez, no funciona. Ninguna imagen o pensamiento calmante me viene a la mente. Es la nada. Imposible luchar contra mi ansiedad. Ella ya ocupó todo el lugar. Ya no queda nada más. Yo SOY ansiedad. No sé a qué puede parecerse la muerte, sin embargo, en este preciso instante, estoy convencida de que lo que estoy viviendo es peor. Y parece que va a durar una eternidad. Que regrese a la realidad o que reviente, me da exactamente igual. Solo quiero que pare.

—Lie… ie… ie…
—Cha… ie… Cha…

Qué es…

—¡Charlie! ¿Estás bien?

Una voz de hombre. ¿Papá? ¿Eres tú? ¿Por qué me abandonaste? ¿Por qué me dejaste sola?

—¡CHARLIE!

No entiendo qué pasa. ¿En dónde estoy? Hay muchas… personas a mi alrededor. ¿Papá?

—¡Está abriendo los ojos! exclama una voz que me es familiar.

Estoy… en la escuela. En el vestidor.

—¡Uf! ¡Qué susto nos pusiste, Charlie! dice la misma voz masculina.
—Yo… ¿Qué pasó?
—No sé bien, parece que perdiste el conocimiento.

Me inclino para ver quién me habla. Es… Luc, el profesor de educación física.

—¿Perdí el conocimiento? Balbuceo mientras reconozco la presencia de mis compañeras de clase.

El vestidor, las chicas, mis brazos… han visto mis cicatrices y seguro sufrí un ataque de pánico. Estallo en llanto de golpe. Es lo último que hubiera querido, pero es más fuerte que yo. ¡Temía que toda la escuela supiera que estoy loca! Quedaré etiquetada para siempre…

—No es grave, Charlie…

Reconozco la voz de Marie-Joëlle.

—No, de verdad no es grave, agrega una empática voz femenina.

Poco a poco voy recuperando el conocimiento y veo que Ariane está a mi lado junto con Luc y Marie-Joëlle. ¿Es su voz la que acabo de escuchar?

—Todo va a estar bien, Charlie…

Esta vez lo confirmo: es Ariane la que se dirige a mí. Debo estar alucinando. ¿Esta chica que parece presumida y superficial intenta tranquilizarme? Es difícil de creer. Estaba convencida de que tenía una opinión tan baja sobre mí como la que yo tenía sobre ella.

—Bueno, todas salgan del vestidor, salvo Marie-Joëlle, ordena Luc. Charlie necesita reponerse.

—Yo también quiero quedarme, exclama Ariane. Creo que sé por qué perdió el conocimiento.

No estoy segura de querer verla aquí, pero tampoco estoy completamente bien como para expresarlo.

—¡Casi ni la conoces! dice Marie-Joëlle molesta. ¡¿Cómo podrías saber lo que le pasa?!

—¡Porque a mí me pasó lo mismo! grita Ariane visiblemente afectada. Creo que acaba de sufrir un ataque de pánico. Yo sufro de ansiedad generalizada, y luego, a veces, cuando es muy fuerte, se convierte en ataque de pánico. En todo caso, se parecía a eso…

¿Ariane sufre de trastorno de ansiedad? Definitivamente voy de sorpresa en sorpresa con ella. Por suerte, la confesión de esta chica que creía que estaba por encima de todo tiene un efecto calmante. Me tranquiliza saber que no soy la única loca de la escuela. Y, ya que tenemos este gran punto en común, supongo que me defenderá si los demás buscan humillarme por lo que acaba de pasar. Ella es hermosa y popular; eso podría jugar a mi favor.

—¿Acaso Ariane tiene razón, Charlie? me pregunta Luc.

—Yo… podría ser, contesto con las ideas un poco revueltas. A menudo tengo crisis de ansiedad, pero es bastante raro que las cosas se pongan tan mal.

—Ok. Veremos esto a detalle con la enfermera. Pero, por ahora, dime cómo te sientes. ¿Te duele algo? ¿Te lastimaste al momento de caer?

—Estoy bien… creo. Todavía un poco mareada.

—¿Qué día es hoy?

—Eh… martes.

—¿Qué fecha?

—18 de octubre.

—Excelente. ¿Crees poder levantarte?

—¡Vamos! ¡Tampoco estoy enferma! digo con un poco de aplomo. ¡Solo perdí el conocimiento!

Me levanto lentamente, supervisada por mis tres "ayudantes". No sé si es porque todavía estoy un poco perdida, pero la escena me parece ligeramente… irreal. Hace apenas cinco minutos (o quizás menos… tengo la impresión de haber perdido la noción del tiempo), clasificaba a esta chica en la categoría de "enemiga" y, ¡puf! un ataque de pánico después, se pasó del lado de los aliados. Es como si mi pérdida de consciencia me hubiera hecho pasar a un universo paralelo.

—¿Quieren acompañar a Charlie a la enfermería, chicas? pregunta Luc.

—Yo puedo ir sola, dice Marie.

—No me molesta que venga Ariane, agrego sorprendida por lo que acabo de decir.

¿Y si la juzgué mal? Tal vez proyecta esa imagen a causa de su ansiedad. Quizás tenemos más puntos en común de lo que imaginaba. Sin quitarle nada a Marie-Joëlle, no me caería nada mal hablar con alguien que me comprenda.

Ya veremos si estamos hechas para comprendernos. Por el momento, voy a ir a ver a la enfermera… y voy a tomar un trago de agua para pasarme un ansiolítico.

CAPÍTULO 8

Como consecuencia del incidente en el vestidor, tuve que hablar de mi episodio de automutilación con la enfermera. Le conté del suicidio de mi padre, de mis sesiones con la psicóloga y de mi medicación. Ella me dijo que, de acuerdo con la ley, tendría que avisarle a mis "padres", ya que, en vista de mi fragilidad mental, representaba un peligro para mí misma. Me opuse totalmente, pero, por suerte (sobre todo para ella), acababa de tomar mi medicina. El efecto calmante me impidió reaccionar de manera demasiado intensa. Marie-Joëlle y Ariane me ayudaron a aceptar el hecho de que necesitaba un soporte psicológico más fuerte… y tal vez también médico.

Christian y Nathalie se impactaron al enterarse de que yo misma me había herido al momento de una crisis de ansiedad. Me sentí avergonzada y débil. Víctima de mi propio cerebro descompuesto. Finalmente decidí ver a mi médico para llegar hasta el fondo del asunto. Me propusieron una cita un mes más tarde. No insistí para saber si había disponibilidad antes; en el fondo mi asunto me hacía bien.

El día de la cita, mis tutores me dijeron que me acompañarían. Yo acepté sin oponer la más mínima resistencia. Mi aceptación los sorprendió.

Sentada en la sala de espera del doctor, solo puedo pensar en el motivo de esta consulta. A menos de un mes de las vacaciones, ese diagnóstico será como un regalo de Navidad anticipado. Sufro de trastorno de ansiedad. Lo sé, todo el mundo lo sabe. Solo era cuestión de tiempo antes de que fuera oficial. Mi médico me recetará antidepresivos. Sé lo que me espera, sin embargo, eso no me impide angustiarme. Además, todavía no estoy segura de querer tomar esos medicamentos. Aunque sea lo mejor para mí, temo tener que tomarlos toda la vida. Parecería que hacen que mi problema sea más grande. Como si estuviera destinada a ser prisionera, ya sea de mis pensamientos negativos, o bien de los medicamentos. Pero yo quiero que las cosas cambien. Todo parece ser tan simple para las demás personas. Ya estoy cansada de que cada pequeño detalle tenga que ser una montaña para mí. Estoy harta de que mi vida no sea más que una sucesión de eventos tristes y complicados.

—Charlie Pépin, anuncia la secretaria. Sala número tres.

Cuando salga de aquí, ya seré una loca por escrito. De ahora en adelante tendré que llevar el peso de la etiqueta "trastorno de ansiedad generalizada." O, para resumirlo: TAG. Es irónico que, en inglés, *tag* signifique "etiqueta".

—¡Hola, Charlie! dice el doctor Hébert.
—Ho… la —respondo un poco sin aliento a causa de mi gran estrés.
—¿Estás bien? Pareces nerviosa.
—Sí… sí lo estoy. Yo… es que sé… sé lo que…
—Tómate tu tiempo. No tengo ninguna prisa
—Lo que… voy a decirle. Lo que… usted piensa. Seguramente tiene razón… pero… no quiero…

Voy a desmayarme de nuevo si sigo así.

—Te estás hiperventilando, Charlie, me dice suavemente el doctor.
—No me… siento nada bien.
—Así pasa. Toma unas respiraciones profundas. Piensa en algo positivo.

"Algo positivo," ¡qué fácil decirlo! Tengo la impresión de que voy a morir, y él quiere que yo piense en lo que está bien mientras que nada está bien dentro de mi cabeza… y en mi vida.

—Respira…

Estoy enferma de ansiedad. Vengo de una familia de locos. Mi padre. Colgado. Tengo miedo. Tengo miedo de perderme. De perder a mis amigos.

—Respira.

Tengo miedo de ser juzgada. De ser una carga para los demás. No quiero que me abandonen.

Respiro profundamente. Funciona un poco. Justo lo necesario para frenar la escalada de angustia que contamina mis ideas. Está bien, Charlie. Empiezas a recuperar el control. Aprovecho esta pausa para intentar deslizar un recuerdo positivo dentro de este mar de negrura. Mi cabeza es la arena de un verdadero y despiadado combate entre el blanco y el negro. Decenas de pensamientos atraviesan mi mente a cada segundo. Debo separar los buenos de los malos, solo que estos últimos son totalmente desproporcionados. Mi madre, demasiado ebria, que se cae en el baño en plena noche. Sus alaridos. Su llanto. Mi padre que se levanta para ayudarla. Mi padre. Nosotros dos, juntos en el parque en el barrio de mi infancia. Yo en un columpio. Le grito que me empuje para subir más alto. Alto como las vigas del techo del sótano en el que se colgó. ¡¡PU-DRETE!! Inspiro profundamente. Una imagen viene a mi cabeza. La atrapo al vuelo. Violaine. Nuestras cartas, el momento justo antes de abrir el sobre, mi visita sorpresa, su enfermedad, el hecho de que tal vez pronto va a morir…

¡NO! El hecho de que, gracias a mí, pueda vivir momentos hermosos. La confianza que deposita en mí. La batería. Adoro los tambores. Me tranquilizan. Debería de tocar más seguido. Seguramente me haría mucho bien. Y tampoco lo hago tan mal. Mi maestra me lo ha dicho. Y también Marie-Joëlle.

Ya está. Creo que he logrado recuperar el control.

Marie-Joëlle sigue siendo mi amiga incluso después de todo lo que le conté sobre mi pasado. Ella sabe que tengo problemas de salud mental, pero no le importa. ¿Por qué me abandonaría?

—¿Estás mejor? pregunta Nathalie.

No me siento particularmente unida a esa mujer, pero parece querer hacer esfuerzos para incluirme en su vida.

—Un poco, sí…

Mientras recupero mi respiración y mi mente, el doctor Hébert llama a su secretaria para pedirle que traiga un vaso de agua.

—¿Acaso estas crisis son más frecuentes que antes?
—Estos últimos tiempos, sí, explica Christian. Pero siempre varía. Y no nos dice todo. Seguramente con el cambio de escuela y el aniversario de… ya sabe qué, ella…
—¡No… necesitan hablar como si fuera una niña! exclamo todavía un poco jadeante. Ya estoy mejor. Ya me tranquilicé. Y el hecho de que eviten pronunciar la palabra "suicidio" no hará que olvide lo que sucedió.

—¿Te sientes capaz de decirme por qué viniste a verme hoy, Charlie?

—Seguramente usted ya se imagina algo. Para responder a su primera pregunta, sí, mis crisis son más frecuentes que antes y sí, como dice Christian, es verdad que el cambio de escuela y el aniversario del suicidio de mi padre no han ayudado. Pero no es solo eso.

Sin entrar demasiado en detalles, me doy a la tarea de contarle a mi médico lo que pasó en el parque, después de la fiesta de Alexis. Sé que acabo de meter el dedo en el engrane. Ni modo. De todas formas, mi estado no era un secreto para nadie. Ahora estoy más preparada para aceptar el diagnóstico oficial.

—Sé que no será fácil de aceptar, Charlie. Pero, sufrir ansiedad no tiene nada de vergonzoso. Estás muy lejos de ser la única. Todo el mundo vive momentos de estrés y de angustia en diferentes grados. Y cada persona los maneja de manera distinta, de acuerdo con lo que ha vivido, así como sus predisposiciones biológicas y psicológicas. En tu caso, el problema es que la intensidad y la frecuencia de tu ansiedad perturban tu vida cotidiana. Muchos factores pueden explicarlo… especialmente, tu herencia familiar. Dicho lo anterior, sufrir un trastorno de ansiedad no es el fin del mundo. Existen muchas maneras de limitar las crisis y de aprender a vivir mejor con ella.

—Sí… ya sé.
—Ves a una psicóloga. Eso forma parte de los tratamientos. Sin embargo, no parece ser suficiente.

—Ya sé. ¿Y si no quiero empezar a tomar antidepresivos de nuevo?

—Tienes dieciséis años, Charlie. Nadie puede obli-
garte a tomar medicamentos. Tú debes decidir si tu
ansiedad te molesta lo suficiente como para tener que
llevar una farmacoterapia.

¡Ya me está empezando a marear con sus palabras
médicas! A pesar de eso, entiendo perfectamente lo
que dice. Al mismo tiempo, me pregunto cuántos
jóvenes de mi edad escucharán muy seguido palabras
como "ansiolítico", "predisposición psicológica" o
"farmacoterapia".

—También hay otros enfoques, como los grupos de
apoyo. Podría hacerte mucho bien hablar con gente
que te comprende y que vive situaciones similares a
las tuyas.

—Pues… sí…

Demasiadas opciones y decisiones por tomar en
muy poco tiempo. Sí, quiero que las cosas cambien,
quiero simplificar mi vida y dejar de preocuparme
por cualquier cosa. Pero necesito un momento para
pensar en todo esto. Temo que el hecho de volver a tomar antidepresivos sería como aceptar una derrota.
Me siento entre la espada y la pared: puedo dejar que
mi ansiedad me vuelva disfuncional, o acepto que me
droguen y me transformo lentamente en un zombi.

—No estoy segura de querer drogarme con medicinas. He escuchado decir que las personas que

comienzan a tomar ese tipo de medicamentos a mi edad, muchas veces tienen que seguir tomándolos toda la vida.

—Comprendo completamente tu preocupación. Es verdad que algunas personas tendrán que recurrir a ellos a largo plazo. Pero, en la mayoría de los casos, se disminuye progresivamente la dosis después de algunos meses o años hasta que se pueden dejar por completo. Sin embargo, no tienes que decidir en este momento. Te propongo algo: si quieres, puedo darte hoy una receta y lo piensas bien. Si decides no tomarlo, estás en tu derecho. En caso contrario, solo tendrás que presentarte en la farmacia con este papel. ¿Te parece?

No estoy totalmente cerrada ante la idea de tomar "píldoras de la felicidad", así que acepto su propuesta. En el fondo, no me compromete a nada.

—Me parece bien.

—Perfecto. Pero, primero debo hacerte unas preguntas para establecer un diagnóstico en tiempo y forma. Tus padres pueden quedarse aquí o no, como prefieras.

Dudo un poco. No es que quiera ocultarles las cosas, pero creo que podré responder con más detalle si ellos no están presentes. Christian se dio cuenta sin que tuviera que decirlo.

—Lo entendemos, Charlie. Descuida. Seguramente será más fácil si estás sola con el médico.

Una vez que Christian y Nathalie salen del consultorio, el doctor Hébert empieza por preguntarme sobre las inquietudes y preocupaciones que tengo. Ya conoce la mayoría de mis respuestas, pero tiene que hacer las cosas de acuerdo con las reglas. Sus preguntas ahora van en un sentido diferente. Quiere saber si estoy: agitada, cansada, irritable, tensa, insomne, perturbada, deprimida. Sí, sí, sí, sí, sí. ¡Sí y SÍ!!!

—Bueno, ¿oficialmente ya tengo "ansiedad generalizada"?

—Sé que no es un momento particularmente agradable. Ya casi terminamos.

Diez minutos más tarde, mi médico pide que mis tutores regresen a su consultorio y me anuncia lo que confirma y que ya sabíamos todos.

—Aprovecho para darte también un folleto de un organismo que ofrece grupos de apoyo, así como talleres de autorregulación de la ansiedad. Al menos tómate el tiempo para leerlo. Será útil en caso de que decidas asistir.

¡Ya está! ahora estoy "etiquetada".

Por suerte, las vacaciones de Navidad llegarán pronto. Me permitirán tal vez estar en paz y pensar en la posibilidad de tomar los antidepresivos y… de aceptar esta nueva etiqueta.

Hace más de un mes que mi receta de antidepresivos
está encima de mi escritorio, oculta debajo de una pila
de libros. Evito pensar en lo que le depara el futuro:
bote de basura o farmacia.

En la mañana de Navidad, Christian y Nathalie
vienen a despertarme para decirme que un regalo
muy especial me espera debajo del árbol. "¿Un bote
de pastillas?" pregunto con ironía aun medio dormida.

—No del todo, contesta Nathalie. Es más bien algo
que llenará de sol tus vacaciones.

—A menos de que sea una sesión en la cama de
bronceado o una lámpara de luminoterapia, no me
imagino qué puede ser.

—No estás muy alejada, dice Christian. Digamos
que se trata de luz menos artificial.

Me parecen particularmente infantiles y misterio-
sos. No es su costumbre. Intrigada por esta historia
del regalo luminoso, salgo de la cama y voy a la sala.
Nathalie, animada por una emoción desconocida para
mí, me muestra una caja en especial entre el montón
de regalos.

—Abre ese primero, dice con un brillo en los ojos.

Estoy empezando a pensar que fueron por mis antidepresivos y se los tomaron todos juntos esta mañana.
Desenvuelvo el paquete rectangular bajo la mirada

emocionada (y algo tonta) de mis tutores. Estoy casi inquieta por lo que me puedo encontrar. Meto la mano al fondo de la caja y saco…

—¿Unas chanclas?

Es oficial, regresaron a su infancia.

—Es solo un adelanto, precisa Christian, muy orgulloso de seguir con el suspenso. Busca al fondo de la caja. El verdadero regalo está en un sobre.

Toco el famoso sobre y saco un cartón rectangular que parece ser un… boleto de avión.

—¡Cuba! exclaman casi al unísono.

Normalmente, este tipo de cursilería me hubiera agredido, sin embargo, hoy no es el caso. No sé si es debido a lo que llaman la magia de la Navidad, pero, esta mañana, mi corazón está más ligero. Comienzo a entender que la época de las fiestas puede ser un momento feliz. Antes, era sinónimo de drama y de malestar causado por mi mamá biológica, que se la pasaba ebria desde el 22 de diciembre hasta el 5 de enero. No es que dejara de tomar después de las vacaciones, pero, al menos, yo no tenía que aguantarla las veinticuatro horas del día.

—Pensamos que últimamente has pasado por muchas emociones, continúa Nathalie. También nos dimos cuenta de que estás haciendo un gran esfuerzo para tratar de manejar mejor tu trastorno. Entonces creímos que una semana de vacaciones en la playa te vendría muy bien.

—Y, con toda esa actividad en tu cabeza, mereces relajarte un poco, agrega Christian. Nos vamos dentro de dos días. ¿Te parece?

—¡¿En dos días? digo espantada. ¡Pero no he preparado nada! ¡Será la primera vez que viajo! ¡La primera vez que tomo un avión!

Debo controlar mis pensamientos y mis miedos. Dos días son suficiente para hacer una maleta, prepararme mentalmente para subirme a un avión y… para imaginarme toda clase de escenarios catastróficos.

—Lo último que queremos es forzarte, interviene Christian. Si no te sientes tranquila, podemos intentar que nos devuelvan el dinero…

—¡No! ¡Quiero ir! Es solo que me… sorprendieron. Me estresa un poco… el avión y todo eso, pero, lo de menos será tomar un calmante antes de salir.

—¡Súper! ¡Pasaremos unas lindas vacaciones en familia!

"Vacaciones en familia!… suena extraño, pero menos que antes. Tengo ganas de intentarlo. De ver lo que se siente tener una familia de nuevo.

—Feliz Navidad…

Salió así, solo. Y fue sincero.

T

Cuando íbamos camino al aeropuerto, el estrés que me había quitado el sueño la mayor parte de la noche, poco a poco se fue convirtiendo en angustia. Sabía que eso iba a ocurrir. Sabía que tendría que tomar un calmante para evitar una crisis antes de abordar el avión y no arruinar nuestro viaje.

—¡Christian! ¿Puedes parar? No me siento bien. Tengo que tomar mi ansiolítico si quiero poder subir al avión.

—Sí, no hay problema. Tomaré la próxima salida.

—¡No! Para ahora mismo, siento que aumenta muy rápido.

—Oh, ya veo.

Sé que soy una carga. Para mí misma… y para los que me rodean. Sé también que mis padres tratan de aceptarme y de ayudarme lo mejor que pueden. No puede seguir siendo siempre así. No todos serán siempre tan tolerantes conmigo. Acabaré por alejar a todos los que pasan por mi vida. Nunca lograré construir relaciones estables y duraderas con nadie.

Mientras Christian detiene el auto, busco en mi *back-pack*, saco el frasco de pastillas y me apresuro a tomar una.

—Lo lamento. Voy a hacerlos llegar tarde…

—Tranquila… dice Nathalie. Nuestro avión sale dentro de tres horas y estamos a veinte minutos del aeropuerto.

—Pero me dijeron que puede ser tardado a veces para documentar las maletas y por la aduana.

—Por eso salimos con tres horas de anticipación, Charlie, dice Christian para intentar tranquilizarme. Nos quedaremos el tiempo que sea necesario para que te calmes y para que tu medicamento te haga efecto. Te garantizo que llegaremos a tiempo para tomar el avión y todo va a salir bien. Imagina las hermosas playas y las aguas color turquesa de Cuba. Va a estar genial, ya verás.

Su tono de voz apacible me ayuda a frenar la escalada de angustia. No tanto como para que disminuya, pero al menos ya es ganancia. La magia de la medicina se encargará del resto. Por el momento, trato de concentrarme en mi respiración… y en las aguas color turquesa.

Todavía no sé si voy a optar por los antidepresivos, pero estoy convencida de una cosa: no quiero ser un estorbo para los demás; quiero que mi existencia deje de complicarles las suyas.

—¿Quieres salir a tomar un poco de aire? pregunta Nathalie.

—No. Ya estoy un poco mejor. Denme por favor cinco o diez minutos.

Cinco minutos más tarde siento que empiezo a recuperar el control. ¡Charlie: 1; crisis de ansiedad:

0,5! Con la respiración aún un poco cortada, le indico a Christian que podemos seguir. A pesar de cierto nerviosismo que persiste en mi cabeza, tengo la intención de no dejar que me invadan las preocupaciones y que arruinen nuestras vacaciones. Mis temores son irracionales y no me impedirán vivir mi primer viaje en familia.

Al llegar al aeropuerto, comienzo a sentirme bien. Casi relajada incluso. Mis aprensiones aún están allí, solo que ahora logro mantenerlas a una distancia más aceptable. La química del cerebro me fascina. No comprendo muy bien cómo funciona esa mecánica, pero me parece muy curioso que una pequeña molécula de nombre casi impronunciable logre moderar mis reacciones ante el estrés. La situación que estoy viviendo en estos momentos debería alterarme; debería de estar enfrentando temblores, mareos, irritabilidad y una serie de pensamientos negativos incontrolables. Me conozco suficientemente bien como para saber que todos esos síntomas están allí, en el fondo de mí, y que intentan desesperadamente llegar a la superficie. Sin embargo, no pueden hacerlo. Están presos detrás de una especie de barricada artificial creada por mi ansiolítico.

El principal efecto secundario de mi medicina empieza a manifestarse: el cansancio se instala; mis ojos se calientan. Si no tuviera que tomar un avión por primera vez en mi vida en unos minutos, probablemente me quedaría dormida justo aquí, frente a la puerta de embarque. Tengo prisa por llegar al hotel, dejar mi maleta e ir a caminar a la orilla del mar. Me urge haber sobrevivido a mi bautizo del aire.

Llaman a los pasajeros para abordar. Entro en el aparato y me instalo en mi asiento con la angustia bajo anestesia. Nathalie está del lado de la ventanilla y Christian entre las dos. Especifiqué que quería estar lo más lejos posible de la ventana. Idealmente hubiera querido sentarme en pasillo de en medio, pero simplemente allí no hay asientos. Así que este lugar seguro está bien… siempre que no mire hacia afuera.

—¿Estás bien? pregunta mi padre-tutor (todavía no me siento cómoda llamándolo "papá"). ¿No estás muy nerviosa?

—Un poco… pero voy a estar bien.

—¿Me lo prometes?

—Sí, sobreviviré, digo de broma. Pero quería… agradecerte.

—¡Nos da mucho gusto! Todos necesitábamos unas vacaciones.

—No, no es por eso. Bueno… sí, pero hay algo más. Sobre todo, quería agradecerte por aguantarme. Sé que a menudo soy una carga muy pesada… y quiero que sepas que me voy a esforzar por ustedes.

—Gracias por aceptarlo, Charlie, interviene Nathalie. Sin embargo, aunque es verdad que no siempre es fácil en el día con día, el esfuerzo, primero que nada, debes hacerlo por ti misma. Sabíamos en lo que nos metíamos al apuntarnos en el centro juvenil como familia de acogida. Nosotros también tenemos cosas que aprender de todo esto.

¿Será acaso que yo he cambiado o siempre han sido tan amables conmigo y yo no lo había notado? Tal vez también es un trabajo de equipo…

El avión empieza a moverse; más tarde regreso a esto. Les sonrío en señal de agradecimiento. De todas formas, siento unas ligeras palpitaciones cuando el piloto enciende los motores para acelerar para el despegue. Por suerte, mi estrés sube a un nivel muy soportable. Ya está: estamos en el aire. ¡Logré vencer a la crisis de pánico! Es cierto que recurrí a una muleta, ¡pero lo hice! No arruiné nuestras vacaciones.

El avión se estabiliza unos minutos más tarde, después de haber alcanzado la altura de vuelo. Agotada por mi mala noche y por la somnolencia causada por mi calmante, caigo en brazos de Morfeo con la cabeza en las nubes…

CAPÍTULO 9

Tengo que confesar que estoy relativamente mejor desde hace algunas semanas. Normalmente, enero me entra como veinte automóviles que van por una carretera llena de nieve a toda velocidad y chocan en una carambola. Sin embargo, el sol de Cuba me dio energía para manejar mejor la oscuridad de este mes. Las últimas semanas han sido de las más bellas de mi vida, y esto, a pesar de la inevitable venta de la casa que terminó por concretarse la semana pasada. Christian y Nathalie todavía no han encontrado nuestra próxima vivienda, pero tienen bastante tiempo, ya que tienen que entregarla el 1 de julio. Eso me deja un poco más de cuatro meses para acabar de hacerme a la idea.

Si ya empezaba a considerar más seriamente la posibilidad de tomar antidepresivos antes de nuestras vacaciones a la playa, en este momento ya no estoy tan segura. Sé que mis crisis de ansiedad se deben a eventos circunstanciales y que podrían (van a) ocurrir en cualquier momento. Sin embargo, mi resistencia hacia el medicamento me empuja a querer correr el riesgo. Tal vez lo voy a lamentar llegado el momento, pero todavía necesito tiempo para pensarlo bien. Además, siempre puedo contar con mi ansiolítico en caso de urgencia.

Mi crisis en el vestidor me acercó a Ariane. A veces paso la hora de la comida con ella. Eso me permite estar lejos de Alexis, que a menudo está con Rémi… que a su vez está con Marie-Joëlle. Mi nueva amiga me invitó a una fiesta a su casa dentro de tres semanas. Rechacé la invitación con el pretexto de una cena en casa por el cumpleaños de Nathalie. Fue lo primero que me pasó por la cabeza. Aunque tal vez sí tengo ganas de ir. El problema es que temo ser víctima de otra crisis y prefiero evitar ponerme yo misma en una situación de riesgo.

Marie-Joëlle no puede entender cómo pude cambiar de opinión acerca de mi "antigua enemiga" tan rápidamente. Me dio miedo que se molestara conmigo, o que se pusiera celosa de mi nueva amistad y que terminara por abandonarme. Con el fin de evitar que mis dudas (probablemente injustificadas) se hicieran más grandes, la invité a comer a un restaurante ayer para abordar el tema sutilmente.

—Sobre todo, tengo miedo por ti, me confesó. No conozco realmente a Ariane, y no sé bien por qué, pero no me da confianza. Tengo la impresión de que es hipócrita. Aunque tal vez puedo estar equivocada.

—Te entiendo, yo también pensaba lo mismo antes.

Luego le expliqué que Ariane me mostró otra faceta de ella y que, hasta el momento, es mucho más agradable que la imagen que proyecta. No creo que puedan convertirse en las mejores amigas del mundo, pero pienso que sí la convencí de su sinceridad.

¡Algo bueno se resolvió!

Hoy decidí aprovechar de mi día de descanso para ir a visitar a Violaine. Otra visita sorpresa. En su última carta, me decía que, gracias a mí, había decidido reestablecer contacto con su hijo. Yo le respondí justo antes de las vacaciones de Navidad para desearle buena suerte y para decirle que la contactaría a mi regreso. Desde lo alto de mi pequeña nube de felicidad de mis últimas semanas, olvidé escribirle por completo. Me imagino que me comprenderá.

Me da curiosidad saber si las cosas funcionaron con su hijo. Se lo deseo sinceramente. Como dice el dicho "si no hay noticias, son buenas noticias". Por otro lado, si las cosas hubieran salido bien, me parece que me hubiera escrito para contarme. Estoy un poco nerviosa. Si por algo su hijo no quiso verla, tal vez la encontraré muy triste. Tal vez no esté dispuesta a recibirme. ¿Y si mi visita sorpresa fuera una mala idea? Quizá debería haberle avisado que iría, pero bueno, simplemente no lo pensé antes y quiero aprovechar mi día libre para pasar un tiempo con ella. Es demasiado tarde para cambiar de opinión. Ya veré al llegar.

Christian me dio dinero para tomar el metro y el autobús hasta Saint Bruno. Aprovecho los cuarenta minutos de camión que hay entre la estación de Longueuil y el metro Saint Bruno de Montarville para tomar una pequeña siesta.

Ⲧ

Camino a la orilla del mar rodeada de una decena de personas que puedo reconocer: Marie-Joëlle, Christian, Nathalie, Violaine y Ariane. También está Alain Proviste, el supervisor de la escuela. Todos caminan a mi lado y parecen estar felices. Todavía hay luz, pero el sol está a punto de ocultarse. La arena beige, el agua turquesa y el horizonte rosa; el lugar es simplemente maravilloso. No siento ni un gramo de angustia. Me invade un sentimiento de bienestar indescriptible. Casi tengo ganas de llorar de felicidad a causa de ese momento tan perfecto. Demasiado perfecto.

Hasta puedo ver los rayos de luz que atraviesan el cielo, cortados por las sombras que crean las pequeñas nubes de algodón. Es tan hermoso que es cursi. Pero lo acepto… y lo aprovecho. Caminaría así indefinidamente si pudiera avanzar a la misma velocidad del sol, y así impedir que se oculte. Lento pero seguro, lo veo bajar hacia el horizonte. Acelero el paso para aprovechar su calor y su brillo lo más posible. Es absurdo, lo sé. Pero mientras más desaparece, más siento que mi felicidad se aleja con él. Y también las personas que me rodean. Al ver a mi alrededor, compruebo que solo quedan mis tutores y Marie-Joëlle. ¿A dónde se fueron los demás? Tal vez a ponerse a salvo durante la noche.

Tal vez yo debería de hacer lo mismo, pero soy una verdadera adicta a la luz. Su ausencia empieza a hacerse sentir y mi temor a perderla para siempre hace que la angustia aparezca de nuevo. ¿Por qué existe la noche? ¿Por qué me abandonan las personas cuando más las necesito? Ahora el sol ya se perdió en el horizonte y el cielo cambió su color rosado por un azul que parece negro. Solo quedan Christian y Nathalie a mi lado. Sus rostros ya no expresan felicidad. Parecen apagados, muy pronto estarán tristes.

De pronto, una idea me viene a la mente: caminar a toda prisa no es suficiente; tengo que correr para alcanzar al sol. ¡Que me siga el que me ama! Empiezo por trotar, pero rápidamente me doy cuenta de que eso no basta. Emprendo entonces una verdadera carrera contra la noche. Para mi gran desaliento, me doy cuenta de que nadie me siguió y de que ahora estoy sola.

—¡Váyanse todos a la mierda!!! grito a esos traidores.

¿Me estaré volviendo loca o mientras más rápido voy, más se apresura el sol para ocultarse de mí? Tan solo unos pasos más tarde, la negrura ya se instaló y no queda más que un pequeño espacio de luz. Invadida por la angustia y la tristeza, me pongo a llorar al mismo tiempo que sigo corriendo tras lo que queda en el horizonte. Siento que ya he vivido este momento… ¿O tal vez simplemente lo imaginé? En mi carrera desenfrenada, me freno de golpe al chocar contra algo que está en mi camino. ¡Es mi padre! Grito, tiemblo, sollozo. ¿Cómo pude pasar de un estado tan perfecto a esta atroz pesadilla?

Y por si no fuera suficiente, veo de reojo que mi madre titubea hacia mí, caminando como un zombi. Si la veo tambaleándose, no es porque sea una muerta viviente; es porque está totalmente ebria y drogada.

—Charlie… me duele, se lamenta. Ayúdame. Me… lastimé… al caer, y el egoísta de tu padre no responde cuando le hablo.

—¡No responde porque está MUERTO!!! grito. ¡SE SUICIDÓ POR TU CULPA, ESPECIE DE LOCA!!!

—¡No le hables así a tu madre, chamaca descarada! ¡Tu padre se mató porque ya no nos amaba! ¡Nos abandonó! grita antes de derrumbarse en el suelo llorando como un bebé.

—¡No es verdad! ¡Yo no hice nada malo!!!

—Tú… ¿de verdad crees eso? logra articular. Todo iba bien antes… antes de que tú nacieras. ¡Ni siquiera queríamos tener hijos! ¡Tú fuiste un accidente! ¡Viniste a arruinar todo!!! ¡Nada de esto hubiera pasado si hubiera abortado!!!

—¡PUDRETE!! ¡PUDRETE!! ¡PUDRETEEEE!!!

Alejo la mirada para no ver más a ese monstruo que me dio la vida. Algo a lo lejos me llama la atención.

Una mínima cantidad de rayos provenientes de sol que casi se ha perdido en el horizonte y forma una luz blanca y difusa.

Mi línea blanca.

Tengo que concentrarme en ella. No estoy aquí, en esta playa oscurecida por la noche, acompañada por el cadáver de mi padre y por mi despreciable progenitora.

Estoy…

T

—Señorita…

¿En dónde estoy?

—¡Señorita, ya llegamos!
—¿Qué?
—Me pidió que le avisara en la parada del CHSLD.

Ah, sí: Saint-Bruno-de-Montarville. Llegué a la residencia de Violaine.

—Perdón, me quedé un poco dormida.

Agradezco al chofer por haberme despertado y bajo del autobús todavía algo mareada. Tuve que tratar de hacerme entrar en razón repitiéndome que no había sido más que una pesadilla, aunque sé que la misma escena ocurrió de verdad cuando era pequeña. Una noche, mi madre, completamente borracha, me despertó gritando y sacudiéndome para acusarme por haber arruinado su vida en pareja. Mi padre trató de calmarla y de llevarla a la sala en donde se estuvieron peleando un rato que a mí me pareció una eternidad. Finalmente vino a mi recámara para arroparme y para decirme que había tenido una pesadilla. Petrificada, no dije ni una palabra y esperé a que se fuera para llorar en silencio el resto de la noche, tratando de convencerme que él tenía razón y que solo había sido un mal sueño. Seguramente hubiera acabado por creerlo… de no ser porque al despertar me encontré a mi madre dormida en el sofá de la sala.

Nunca en mi vida hablé de ese acontecimiento con nadie. Ni siquiera con mi psicóloga.

Me va a hacer mucho bien ver a Violaine y sentir que soy importante para alguien. Al llegar me anuncio con la recepcionista. La expresión en su rostro me deja helada. No sabría decir si está contrariada o avergonzada.

—¿Es usted miembro de su familia?

Es mi turno de sentirme incómoda. Tal vez aquí no les gustan las visitas sorpresa. Aunque me hicieron la misma pregunta la primera vez que vine a ver a Violaine, solo que esa vez no sentí este malestar. Empiezo a lamentar mi idea. Desconcertada por el tono de la mujer, balbuceo una respuesta un poco confusa.

—Eh… no. Bueno… depende.

—¿Depende?

—No soy miembro de su familia… pero supongo que me considera un poco como su nieta.

—¿Eres la estudiante con la que mantiene una correspondencia? ¿Charlie, me parece?

—¡Sí, eso!

—Ah, ya veo. Pues bien… desafortunadamente la señora Simard no está aquí en este momento.

—¿Va a regresar pronto?

—Hum… no lo sé. De hecho, está en el hospital desde ayer en la mañana…

—¿QUÉ? pregunto enloquecida. ¿Qué le pasó?

—No puedo responderle, pero creo que Stéphane quisiera hablar con usted.

—¿Se murió, eso es?

—No, eso sí puedo decírselo, tranquila. Sin embargo, por lo demás, creo que lo mejor será que hable con Sté…

No le di tiempo de terminar su frase y me dirigí corriendo hacia el baño que está al lado de la recepción. Tengo que tomar un ansiolítico cuanto antes. No sé lo que voy a escuchar, pero siento que no serán buenas noticias. Debo calmarme enseguida y no quiero tener un ataque de pánico.

Me tomo mi pastilla y me echo agua fría en la cara para calmarme un poco. Al levantar la cabeza, me encuentro cara a cara con mi reflejo en el espejo. Creo que es la primera vez en mi vida que me veo desde afuera al momento de un episodio de angustia. Normalmente sufro la ansiedad. Esta vez puedo verla directo a los ojos; comprobarla a través de mis propias pupilas. Me provoca un fuerte golpe. Sin embargo, me doy cuenta rápidamente de que este pequeño encuentro conmigo misma me permite hacer un corte entre el interior y el exterior. Yo NO SOY la ansiedad. Yo soy Charlie. Charlie Pépin. Una chica que día a día lucha contra un cerebro tan disfuncional como la familia en la que creció.

—¡No eres una víctima! Grito a mi doble con rostro crispado que me mira nerviosamente.

Debo recuperar el control de mis pensamientos. En unos segundos, voy a girar sobre mis talones y voy a dejar ese pálido reflejo de mí misma justo en donde está: del otro lado del espejo. Agarraré valor e iré a escuchar lo que Stéphane tiene que decirme acerca de Violaine. Lo peor que podría decirme es que va a morir pronto. De todas formas, eso ya me lo esperaba. Además, no será la primera persona que pierdo. "¡Justamente, vas a volver a sufrir, Charlie!"

—¡PUDRETE!!! ¡Tú te quedas del otro lado del espejo! ¡Además, deja de fregarme la existencia, maldita sea!!!

Es seguro que volverá a atormentarme. Pero, por el momento, la ahuyento como si fuera la peste misma. Si he sufrido todos estos años es por culpa de ella. De esta otra yo de la que quiero separarme.

Me mojo la cara con agua fría por última vez evitando establecer contacto visual con "la otra", seco las gotas que mojan mi rostro y que se mezclan con las lágrimas que nacen en las orillas de mis ojos, y salgo al encuentro del encargado de entretenimiento, que hoy debe estar un poco menos entusiasta que de costumbre.

—Hola, Charlie, dice al recibirme.

—Hola…

—¿Cómo estás?

—Estaba bien hasta que me dijeron que Violaine está en el hospital.

—Sí, ya sé. Pero te aseguro que está estable.

—¿Estable? ¿Qué significa?

—No soy médico. No puedo responderte eso. Pero me gustaría mucho hablar contigo unos minutos, si tienes tiempo.

—Pues sí, tengo tiempo. Vine a visitar a Violaine, pero pues… ¡no está!

Stéphane no se molesta conmigo por mi actitud un poco áspera y me invita a seguirlo a su oficina. "Su estado es estable…" en este momento tengo dos posibilidades: dejarme invadir por escenarios negativos, o tratar de racionalizar mientras espero saber más sobre la situación. Pero, si la situación no es dramática, ¿de qué querrá hablarme?

Al mismo tiempo que caminamos por el pasillo principal del centro, me doy cuenta de que he conseguido evitar la crisis de angustia. Es verdad que tomé mi medicamento, pero no ha pasado tanto tiempo como para que su efecto sea el principal responsable de que mi ansiedad se calme. ¡Lo logré! Pude manejar el torbellino de pensamientos negativos yo sola.

—Puedes sentarte, me propone Stéphane mientras busca en su cajón. Tengo algo para ti.

—¿Una carta?

—De hecho, son dos.

—¿Eh? ¿Por qué dos?

—Violaine no me lo explicó. Lo único que sé es que desea que empieces por la que está dirigida a ti.

—¿La otra no es para mí? ¿Para quién es entonces?

—Tengo una idea al respecto, pero podría estar equivocado. Por eso prefiero que las veas tú misma.

—¿Aquí y ahora?

—Como tú quieras, Puedo dejarte sola en mi oficina unos minutos, o puedes irte a tu casa con las cartas y leerlas allá.

Mi cabeza está muy revuelta y todo está nebuloso. Hay demasiada incertidumbre. Hice bien en tomar mi ansiolítico. No tengo particularmente ganas de leer las cartas aquí. Por otro lado, tal vez hay alguna urgencia. Y la paciencia nunca ha sido mi cualidad principal. No puedo esperar. Tengo mucha necesidad de saber.

—Voy a leerlas ahora mismo.

—Ok. ¿Quieres que salga?

—Sí, por favor.

Stéphane sale de su oficina sin que le preste atención. Abro el sobre con las manos temblorosas. Si sigo así, acabaré por romper la carta. Luego de algunos movimientos torpes, logro finalmente sacar la hoja sin romperla. Un pequeño detalle en la esquina superior de la página enseguida llama mi atención: una fecha.

Es la primera vez que Violaine se toma la molestia de poner fecha a lo que me escribe.

16 de enero de 2015

Hace poco más de tres semanas. Seguramente no había ninguna urgencia… ¿Y por qué no me mandó esta carta con el paquete del proyecto del correo intergeneracional? Tal vez porque es demasiado formal y lo que tiene que decirme es más personal.

Buenos días, Charlie,

Te escribo esta carta sin saber muy bien por dónde comenzar. Aun cuando nos conocemos muy poco, tengo muchas cosas que decirte… y un gran favor que pedirte.

Voy a tratar de ir en orden.

Como bien lo sabes, estoy enferma. No me preocupé por decirte qué es lo que tengo, porque trataba de evitar pensar en ello y más bien me concentraba en las cosas bellas que la vida me ofrece. Tú formas parte de ellas y te lo agradezco. También me pareció que el contexto en el que nos vimos no era adecuado. Pero, al pensarlo bien, me dije que nunca habría UN momento realmente bueno para contártelo. Así es que, ya que nuestra relación nació con la escritura, decidí decírtelo en una carta. Por lo tanto: hace un poco menos de dos años me diagnosticaron cáncer en el pulmón. En unos cuantos meses ha avanzado a cáncer generalizado y, poco antes de la Navidad, mi estado se deterioró rápidamente. Los médicos creen que solo me quedan algunas semanas. Lamento mucho decírtelo. Dudé un tiempo antes de aceptar participar en el proyecto de los mensajeros intergeneracionales, ya que temía no tener el tiempo suficiente como para llegar hasta el final del compromiso. Además de la tristeza que todo esto pueda causarte, no lamento nada. Me has ayudado a darle un sentido a mis últimos momentos.

Ahora quisiera hablarte de lo que nos separó a mi hijo y a mí. Serás la primera persona con la que me abra. Toda esta historia es muy dolorosa para mí.

A la edad de veintidós años, accidentalmente quedé embarazada de un hombre al que frecuentaba desde hacía poco tiempo. Richard venía regularmente al bar en el que trabajaba. Todo pasó tan rápido… era muy inocente y estaba muy sola. Él se mostró tan amable y atento conmigo, que enseguida me enamoré. Pero, después de algunos meses de embarazo, descubrí otra faceta de él. Su consumo de alcohol había aumentado y se había vuelto violento y agresivo. Debí haberlo dejado en ese momento, pero, ¿cómo le hubiera hecho para criar a un hijo sola y sin dinero?

Decidí entonces quedarme en esa relación malsana y criar a mi hijo. Toda mi vida fingí que todo estaba bien. Mi hijo nunca presenció ninguna escena de violencia. Nunca supo que su padre me golpeaba. Esperé a que fuera adulto y a que se fuera de la casa para intentar rehacer mi vida y, tal vez, encontrar a alguien que me tratara mejor.

Richard nunca estuvo de acuerdo con nuestra separación. Me acusó de haberlo abandonado y engañado con otro hombre… lo cual es absolutamente falso. Manipulado por las historias que su padre le contaba sobre mí, mi hijo comenzó a enojarse y a despreciarme.

Así que decidí contarle todo, revelarle el infierno que me había hecho vivir su padre. Al ser adulto, Carl debía saber la verdad. Me imaginaba que sería un shock para él, pero jamás hubiera pensado que reaccionaría como lo hizo. Mi hijo no me creyó. Me trató como si fuera una mentirosa y me acusó de buscar excusas para justificar mi partida. Eso me devastó.

Como ya estaba frágil, Richard cayó en una depresión profunda y se suicidó unos meses más tarde. Mi hijo me responsabilizó por la muerte de su padre y en ese momento decidió excluirme de su vida. Entonces comprendí que mi error más grande había sido no irme antes. Cuando Carl todavía era pequeño y no comprendía… o incluso cuando estaba embarazada.

Paro mi lectura unos segundos. Necesito una pausa. Lo que me cuenta Violaine es muy perturbador… y revive imágenes que preferiría poder olvidar. Ella y yo hemos vivido cosas muy similares, pero desde una perspectiva diferente. Entiendo ahora por qué nos entendimos tan bien. Las personas marcadas duramente por la vida saben reconocerse entre ellas.

Tomo una respiración profunda y sigo adelante.

Mi hijo no fue un error en lo absoluto; espero que comprendas ese matiz. Los recuerdos que tengo con él son lo más preciado que tengo en el mundo. Es solo que hubiera preferido no traerlo al mundo en esas condiciones, no hacerlo vivir las cosas que vivió.

A casi veinte años, solo lo he visto tres veces: en el entierro de Richard, en el nacimiento de Charles-Antoine, su hijo, y el día que mi nieto cumplió ocho años. A veces me manda noticias por correo y en algunas ocasiones, si se lo pido, me manda algunas fotos. Antes ponía como excusa que no tenía tiempo para verme porque vivía a diez horas de distancia de aquí, pero recientemente se mudó de nuevo a Montreal y sigue igual de distante.

Como te lo confié, quisiera hacer un último intento de reconciliación y decirle que no me queda mucho tiempo de vida. Por desgracia no he tenido el valor para pedírselo. La idea de que pueda rechazarme me angustia terriblemente. En caso de que llegara a ocurrirme algo antes de haberme decidido, le escribí una carta… y me gustaría que tú se la dieras si llegas a leer esto. Le pedí a Stéphane que te diera los dos sobres en caso de urgencia.

Sé que estás muy preocupada últimamente y espero no agregar estrés adicional al pedirte esto. Pero me tranquiliza saber que, si algo llega a pasar, pude decirle a mi hijo lo que deseaba antes de irme.

Espero que de cualquier forma, todo esto no sea necesario. Gracias otra vez por todo lo que me has aportado. Eres una buena chica, Charlie. Me has iluminado la vida.

Tu amiga, Violaine.

Me quedo allí, paralizada, con los ojos fijos en la carta de mi corresponsal. Probablemente la última. Estoy sumergida en una ola de emociones contradictorias: tristeza, enojo, reconocimiento, compasión… es más fuerte que yo y rompo en llanto. Las lágrimas salen en un torrente y me pongo a temblar. La vida es injusta. Los que no pueden verlo simplemente son inconscientes. Es por eso que yo estoy "marcada". Soy demasiado consciente, se vuelve una desventaja. Pienso demasiado. Anticipo demasiado. Me impide avanzar. Toma un espacio desmedido dentro de mi cabeza. Me invade.

Lloro por Violaine. Por lo que vivió. La violencia. Su hijo. Su enfermedad. Pero también lloro por mí. Por esta vida jodida que yo no pedí. Por esta familia malsana en la que fui criada y que me destrozó el cerebro. Sobre todo, lloro por esta aprehensión que siento por el mundo.

Estoy a punto de perder el control de mis pensamientos. Se van en todas las direcciones. Me estoy hiperventilando. Es peor que todas las demás veces. Mi ansiolítico no es lo suficientemente potente como para ayudarme a manejar esta crisis. Voy directo hacia una pared de concreto a toda velocidad. tengo la impresión de que voy a morir. Yo… no tengo… ni siquiera…

CAPÍTULO 10

Escucho voces. Todo es confuso. Hay un eco. Como si oyera dentro de un caracol.

—Cayó…

Abro los ojos. Los cierro enseguida. Todo da vueltas. ¿Dónde estoy?

—Llama a la enfermera…

¿Enfermera? ¿Estoy en el hospital? Trato de abrir los ojos de nuevo.

—¿Charlie?

¡Soy yo! ¿Qué pasó?

—Te desmayaste, Charlie.

Qué gracioso, creí hacerme esa misma pregunta en mi cabeza. A menos de que la haya pensado en voz alta. Eso explicaría por qué Stéphane me responde.

—¡¿Stéphane?!
—Sí. Todo está bien. La enfermera llegará en un minuto.

Ya recuerdo. Violaine. El hospital. La carta. LAS cartas. Seguro tuve una crisis de pánico. Pero no como las de siempre. Esta fue mucho más rápida y más intensa que las anteriores. Literalmente me fulminó. Normalmente siento como aumentan poco a poco. Pero apenas tuve tiempo de entender lo que estaba pasando.

—Hola. Me llamo Véronique. Soy enfermera del CHSLD. Perdiste el conocimiento por unos momentos, o eso me dijeron. ¿Cómo te sientes?
—Eh… pues… algo confundida.
—Es normal. ¿Te lastimaste en alguna parte?
—Yo… yo creo que no.
—Perfecto. ¿Podrías explicarme que fue lo que te pasó?
—Sí. Creo que tuve una crisis de angustia. Yo soy… sufro de trastorno de ansiedad.
—Ya veo. ¿Tomas algún medicamento?
—No. Bueno… sí. A veces calmantes.

Sigo respondiendo las preguntas de la enfermera en un estado como de zombi. Sí. No. Tal vez. A veces.

Luego de que se aseguró que estaba mejor y que podía sostenerme en mis dos piernas, decidimos llamar a Christian para que viniera por mí.

—¿Podría ir a ver a Violaine al hospital? pregunto a Stéphane.

—Hum… depende de cómo se sienta. Supongo que sí, si no tiene mucho dolor. Por ahora, creo que deberías volver a tu casa a descansar un poco. Voy a llamar al hospital para saber más y te daré noticias en cuanto sepa algo. ¿Te parece?

—Sí, respondo mecánicamente.

Tiene razón: tengo que descansar. No me siento tan bien como para ir hoy a visitar a Violaine. Todo lo que deseo es que no se esté muriendo y que pueda tener tiempo de verla… al menos una última vez. Mejor aún: que encuentre el valor para honrar su solicitud y que logre convencer a su hijo de que vaya él también a verla.

T

En el coche de vuelta a Montreal, el silencio de Christian es muy revelador. Sé que se está aguantando para hacerme todas las preguntas que lo atormentan. Se ve que está inquieto. Yo también, porque me estoy cuidando para no decirle lo que estoy pensando. La enfermera y yo le hablamos de mi crisis y tuve que confesarle que había sido más violenta que las anteriores. El hecho de saber que se preocupa por mí es un motivo de angustia adicional.

Luego de varios minutos, me decido al fin a romper el silencio y a compartirle lo que pasa por mi cabeza.

—Estoy asqueada de vivir así, Christian. Verdaderamente asqueada. Ya tomé una decisión: voy a empezar con los antidepresivos.

—Charlie…, me interrumpe alterado. Es cierto que es difícil para Nathalie y para mí. Pero sobre todo es porque nos preocupamos por ti. No te sientas obligada a hacerlo si no quieres.

—No brinco de alegría con la idea de tomar medicamentos todos los días, Christian. Pero los necesito. Al menos por un tiempo. Además, pienso inscribirme al grupo de apoyo para personas con ansiedad que me recomendó el doctor.

—Yo… yo no sé qué decirte, Charlie. Además de que estamos allí para apoyarte en todo lo que necesites.

Me pongo a llorar de nuevo. No son lágrimas de tristeza. Aunque estoy muy lejos de llorar de felicidad en estos momentos (entre otras cosas por lo que le pasa a Violaine), no es molestia lo que siento. Mis lágrimas son liberadoras. Christian se estaciona en el acotamiento un momento para que pueda desahogarme. En ese preciso instante, sé que acabo de decidir dar vuelta a la página. Tomé la decisión de ayudarme de verdad, de dejar de ser víctima de mí misma. Y, si tengo que pasar por una medicina y por terapia de grupo, ¡pues ni hablar! ¡Ya me cansé de ser prisionera de mis pensamientos negativos!

—Todo va… a estar bien, murmura Christian.

Dejo salir demasiadas emociones durante unos cinco minutos antes de recuperar el control.

—Disculpa. Tenía que desahogarme. Ya estoy mejor.
—¿Quieres que esperemos un poco más?
—No. Ya estoy bien. Lo prometo, aseguro con una ligera sonrisa.

Permanezco en silencio el resto del camino. Ahora me toca estar muda. He tomado una decisión. Me siento liberada.

T

Así como puedo tener muchas dudas a la hora de tomar decisiones, una vez que estoy decidida, ya no hay vuelta atrás. Apenas una hora después de regresar a casa, fui a comprar mis medicinas y llamé al organismo *Renaître* para hacer una cita con un representante. Está programada para el próximo martes por la noche. Farmacia y terapia: no hay tiempo para más tonterías. El médico me había advertido que tomaría algunos días o algunas semanas para que el medicamento hiciera efecto plenamente. Hubiera querido que fuera inmediato,

deshacerme hoy mismo de esta otra yo, pero bueno…
ya la soporté todos estos años, debo poder sobrevivir.
Extenuada por mi día, platico un poco con Christian y
con Nathalie y luego voy a acostarme como a las siete
y media de la noche.

A pesar del cansancio, llevo como cuarenta y cinco
minutos acostada en mi cama, incapaz de cerrar el ojo.
Lo único que hago es pensar en Violaine. ¿Por qué no
me habrá llamado Stéphane? Dijo que lo haría en cuanto tuviera noticias. No es buena señal. Seguramente es
porque…

Mi teléfono suena. El corazón me late con fuerza.
Es un número desconocido.

—¿Hola?
—Hola, Charlie. Soy Stéphane del CHSLD. Lamento
haber tardado tanto pero el doctor no me llamaba.
—¿Y luego? ¿Cómo está ella?
—No tan mal… dadas las circunstancias. Está consciente al menos.
—¿Va a morir?
—Lo que tiene es cáncer, así es que debes saber que
la situación no es la ideal. Efectivamente es probable
que muera, pero no podemos saber si será en cinco días,
en tres semanas o en seis meses. Ni siquiera su doctor
puede saberlo con seguridad.
—¿Acaso podría…
—Sí. Puedes ir a visitarla mañana o el domingo si
quieres. Pero tendrás que anunciar tu llegada en la
recepción del ala de oncología.
—¿Oncología?

—Es allí en donde tratan a los pacientes que sufren de cáncer. Está en el hospital Pierre-Boucher, en Longueuil.

—De acuerdo, muchas gracias.

—Es un placer. Una última cosa, Charlie: puede ser que encuentres a Violaine un poco… debilitada. Prefiero advertirte para que no te tome por sorpresa.

—Bueno… ok. Gracias por avisarme.

Cuelgo el teléfono un poco más tranquila. No esperaba que me dijera que Violaine estaba como nueva. Pero al menos, no está muerta. Si me doy prisa, tal vez tenga tiempo de llevarle la carta a su hijo, y éste, espero, se decida a visitar a su madre antes de que sea demasiado tarde. Tengo la intención de hacer todo lo que pueda para que esta mujer, que me ha dado tanto, pueda dejar este mundo tranquilamente. ¡Sí, tengo que actuar pronto! De inmediato. No puedo perder ni un solo día. Voy a aprovechar el fin de semana para llevarle la carta a Carl. No debe trabajar en sábado.

Es algo que hago para Violaine, pero también para mí misma, para evitar que los remordimientos me lleven a un torbellino de pensamientos negativos. Mientras rinde frutos todo lo que estoy haciendo para manejar mejor mi TAG.

Es cierto que todo esto me causa ansiedad. Pero también es una oportunidad para crecer y evolucionar. Para salir de mi pequeña zona de confort. Me liberaré progresivamente de mis angustias… y por algún lado tengo que empezar. Mañana será oficialmente el día uno.

Por el momento, tengo que dormir, así es que guardo todos mis pensamientos en un cajón mental que acabo de inventar. Mis reflexiones son poderosas y buscan evadir su prisión. Sabía que eso pasaría. Entonces me imagino una caja fuerte y la cierro con doble llave. Golpean un poco para salir. Dejo que se cansen… hasta que se decidan a dejarme en paz.

⊤

Al día siguiente en la mañana, dejo el mundo de los sueños con un solo parpadeo. No hay transición entre estar dormida y estar despierta. Dormía y ya no duermo. Mis dos ojos están bien abiertos. Tomo un ansiolítico (hasta que mis antidepresivos empiecen a hacer efecto, no quiero correr ningún riesgo), salgo a la regadera, me tomo tres cucharadas grandes de mantequilla de cacahuate y saludo a mis padres de salida.

—¿A dónde vas tan temprano? pregunta Christian.
—Tengo algo importante que hacer. Un favor para Violaine,
—¿A Saint-Bruno?
—No, no. Les explicaré más tarde.

Al ir caminando hacia la parada del autobús, siento que mi teléfono vibraba en el bolsillo de mi chamarra. Número desconocido.

—¿Hola?
—¿Charlie?

178

—Sí...

Me detengo bruscamente a mitad de la banqueta. Es la voz de Violaine... pero con algo diferente. Suena como si estuviera cansada, pero no es eso. Parece estar... drogada. Probablemente es morfina o algún otro analgésico.

—Me da gusto oír tu voz, joven amiga. Stéphane me dio tu número. ¿No te molesta?
—No... para nada. También me da mucho gusto hablar contigo. Tenía miedo de que... tú... hubieras muerto.
—Sí, me dijeron que fuiste a verme. Pero, como podrás ver, ¡todavía no me voy! dice con un poco de humor.
—Pensaba ir a verte al hospital. Tal vez esta tarde. ¿Es un buen momento?
—Sí. Me ayudará a distraerme. Las enfermeras son muy amables, pero no he tenido muchas visitas desde que llegué aquí. Dime... ¿leíste mi carta?
—Sí.
—Bueno. Yo... espero que no te sientas obligada a... pues... a ir a ver a mi hijo. Todavía estoy viva. Aún tengo tiempo de contactarlo.

¿Me lo dice porque prefiere que no vaya? ¿Debo decirle que justamente voy en camino hacia su casa? Seguramente le daría esperanza... y también podría decepcionarse. Por otro lado, si quiere aprovechar el tiempo que le queda para hacer las cosas ella misma, no tengo derecho de mentirle y de quitarle esa oportunidad.

—De hecho, para ser honesta, iba en camino.

—Oh… qué casualidad.

—¿Prefieres que no vaya?

Violaine permanece un momento en silencio. Sé que está triste y dudosa. ¿Habré hecho mal en decírselo?

—¿Estás cerca de su casa?

—No del todo. Acabo de salir de mi casa.

Otro silencio lleno de emociones.

—Está bien… puedes ir. Pero me gustaría que le dijeras una cosa que no dice en la carta.

—Eh… sí, claro.

—Más bien, no se lo digas solo que sientas que él no…

Violaine hace un esfuerzo para no llorar. Debe ser muy doloroso para ella el hecho de pensar que jamás volverá a ver a su hijo.

—Si tienes la impresión de que no va a venir…

En eso, mi amiga se derrumba. Tengo que hacer que Carl entienda que está equivocado acerca de su madre. Pero, ¿cómo puede no creerle y estar enojado con ella hasta tal punto? Esta mujer lo trajo al mundo y se sacrificó a fin de que él no se contaminara por el clima familiar enfermizo. ¿Cómo podría seguir viviendo con la consciencia tranquila luego de haber abandonado a su propia madre en su lecho de muerte? Violaine tuvo mucho valor. Justamente lo que le faltó a mi padre. Mi vida sería mucho más fácil hoy en día si hubiera dejado a su mujer cuando todavía estaba a tiempo.

—¡Puedo ser muy convincente cuando quiero! digo con la espera de devolverle una sonrisa a Violaine.

—Gra… gracias, Charlie. Eres una chica excepcional.

Mi vieja amiga se tranquiliza y se dispone a dictarme el último mensaje que debo transmitirle a su hijo. Es un poco como un *pitch* de ventas. Solo que más dramático. Mucho más dramático. Es bello y triste a la vez. Si Carl es insensible a eso, verdaderamente no tiene corazón. Yo hubiera cambiado a mi madre por la suya sin dudarlo ni un segundo.

Cuelgo con Violaine y sigo mi camino, convencida más que nunca de que nuestros caminos se cruzaron por algo.

Mi destino: el número 6790 de la avenida Morgan. Está a solo tres estaciones de metro de mi casa. Salgo a la calle y camino más o menos cinco minutos para llegar al edificio de Carl. En medio de una zona bastante popular, la construcción no combina con todas las demás. Es un bonito dúplex visiblemente mejor cuidado que sus vecinos cercanos. Me quedo plantada delante de la dirección varios minutos. La angustia está allí, pero la sofoco con el calmante que tomé esta mañana. Me felicito por haber sido precavida. Lo que está en juego es muy importante para dejar que "mi otra yo" arruine lo que vine a hacer aquí. Decenas de dudas y de aprehensiones me pasan por la cabeza, pero logro esquivarlas mentalmente. Tengo la impresión de estar en medio de un buen combate de judo contra mis pensamientos negativos. No lo ataco; utilizo el poder de mis adversarios a mi favor.

Tomo una respiración profunda. Tal vez ni siquiera está en casa. En ese caso, solo tendría que dejar la carta en el buzón. Eso sería mucho más sencillo. Por otro lado, no tendría oportunidad de verlo y de transmitirle de viva voz el mensaje de Violaine.

Escucho voces que provienen del interior. Es demasiado tarde para echarme para atrás. Toco tres veces y espero a que alguien salga. Un chico que parece de mi misma edad abre la puerta.; seguramente es el nieto de Violaine. De haber sabido que estaba tan guapo, me hubiera vestido mejor y me hubiera maquillado.

Pero, ¿¡en qué rayos estoy pensando!? ¡Qué importa cómo me veo! Vine aquí a hablar con el hijo de Violaine y no para ligar con su nieto. Sin embargo, estoy algo desconcertada.

—Yo… yo vengo a ver a tu padre… bueno… Carl…
—Sí, Ok. ¡PAPAAA!! grita. ¡ALGUIEN TE BUSCA!!

¡Parezco tonta!

El nieto de Violaine se da la vuelta y me deja esperando en la puerta. Me hubiera gustado que me dijera algo antes de irse. Cualquier cosa. Tipo: "¡Bye!", "¡Buen día!", o "Me dio gusto conocerte." Estoy delirando. Qué ridícula.

—¡Hola! dice una voz grave que me hace saltar.
—¡Hola, buenos días! Eh…

Tengo ganas de salir corriendo y de nunca más volver a poner un pie aquí.

—¡Qué graciosa eres! dice Carl con expresión divertida. ¿Qué puedo hacer por ti?
—Eh… no sé muy bien por dónde comenzar.

El corazón me late a toda velocidad. Si sigo así, solo le voy a dar la carta y me voy a ir de aquí sin decir nada más.

—Puedes empezar por el principio. Eso sería una buena idea.

Su tono de voz me tranquiliza. No me da la impresión de que mi presencia le moleste. Eso ya es algo.

—Sí. Es un poco complicado. Soy amiga de tu madre. Bueno, no una "amiga-amiga", es… mi corresponsal en un proyecto de mensajeros intergeneracionales de mi escuela.

La sorpresa en su rostro me indica que no estaba preparado para esto. ¿Qué podía yo esperar? ¿Qué saltara de felicidad? ¿Qué le pareciera normal que una adolescente desconocida llegara a su casa sin avisarle para hablarle de su madre, con la cual no tiene ninguna relación desde hace varios años? Su expresión me deja ver que la conversación acaba de tomar una dirección completamente diferente. Tendré que asumirlo.

—¿Estás segura de que tienes la dirección correcta?

—¿Te llamas Carl? ¿Y tu madre es Violaine?

—Sí… y… ¿qué puedo hacer por ti?

—Por mí, nada. De hecho, tu madre me pidió que te diera algo.

Le doy la carta y la mira unos instantes, con la mirada perpleja, antes de tomarla como si se tratara de un objeto extraño proveniente de otra dimensión. Es como si jamás en su vida hubiera visto un sobre.

—Es una carta…

—Ya veo.

Estaba lejos de ser evidente.

—Lo que me pregunto es por qué vienes tú a… ¡Ah! se interrumpe. ¿Mi madre está muerta, es eso?

De golpe, (¡ya era hora!) parece estar un poco conmovido. No devastado como lo estaría cualquier persona que se acaba de enterar de que un ser amado acaba de morir. Solo un poco afectado. Lo cual no resulta tan sorprendente cuando uno piensa que su madre casi se ha convertido en una extraña para él. No importa, su reacción me impacta.

—No, no está muerta. Pero no está muy bien. Es por eso que me pidió que te trajera esta carta. Creo que le gustaría mucho que fueras a visitarla.

Su expresión se endurece. Tal vez está triste, pero no deja que se le note. Y nada en su actitud me hace pensar que irá a ver a su madre. Comienzo a odiar a este hombre. ¿Cómo le hace para ser tan insensible? Tengo ganas de escupirle en la cara.

—¿En qué hospital está?
—Pierre-Boucher, en Longueuil.
—Ok, gracias.

¿Eso es todo? ¿Solo "gracias"? ¿No quiere saber más sobre el estado de su madre? Mi odio hacia él acaba de pasar al nivel superior. Tengo que controlarme. Si me hiciera caso, le rompería la nariz. Pero no vine aquí a eso. En cuanto se dispone a cerrar la puerta, me juego mi última carta.

—Una última cosa… Violaine también me pidió que te diera un mensaje.
—Te escucho.

Me cuesta mucho trabajo definir a este hombre. Parece tan frío y desinteresado, pero hay algo que me dice que en realidad no lo es tanto.

—En caso de que decidas no ir a verla, me pidió que te dijera que… que le haces mucha falta y que…

Tengo un nudo en la garganta. Tengo que hacer un esfuerzo para no llorar. Sin embargo, es él el que debería de estar al borde de las lágrimas.

—Y que… cuando esté allá arriba, velará sobre ti… y sobre tu familia, como… como lo hacía Hubert, el búho peludo, cuando eras chiquito.

Me toma unos instantes darme cuenta de que está a punto de romperse porque estoy ocupada limpiándome las lágrimas. Me mira con los ojos llorosos, de pronto vulnerable como un pequeño de ocho años. Se sostiene del marco de la puerta y rompe en llanto. Y no solo unas lagrimitas. Un verdadero manantial. Seguramente ese recuerdo del búho le llegó hasta lo más hondo de su ser. Acabo de desenterrar algo que estaba profundamente oculto en su memoria.

Logro aguantar la mayoría de mis lágrimas, pero estoy llorando en mi interior. Me duele por él, por Violaine, por ambos. Esa imagen de persona distante y alejada de sus emociones que proyectaba Carl, quizá no era más que una máscara para protegerse. De qué exactamente, no lo sé; no conozco toda la magnitud de este drama familiar. Y, ya que ningún ser humano vive las cosas de la misma manera (estoy en una buena posición para saber eso), empiezo a sentir empatía por este hombre.

—Lo… siento mucho. Yo no quería…

—Está bien, me asegura luego de recuperar el control. Es solo que son muchas cosas por asimilar al mismo tiempo. No sé lo que te dijo mi madre, pero llevo muchos años viviendo con remordimientos.

—No me ha dicho gran cosa…y, aun cuando su situación me afecta mucho, en realidad todo esto no es de mi incumbencia. No quiero meterme en sus asuntos. Yo creo que deberías de ir a verla… antes de que sea demasiado tarde.

—¿Qué es lo que tiene exactamente?

—Cáncer de pulmón… que ya se extendió y se convirtió en cáncer generalizado…

—¡Oh, Dios mío!

Con una mano en la boca, lucha para no romperse de nuevo.

—Todavía tienes tiempo. Me dijeron que hoy está estable. Pero puedo garantizarte que volver a verte es lo más importante para ella en este momento.

—Gracias. ¿Cómo te llamas?

—Charlie.

—Gracias, Charlie. Voy a leer su carta y muy pronto iré a verla. Tal vez mañana mismo.

Una extraña mezcla de felicidad y melancolía se extiende dentro de mí. Tengo la sensación de una misión cumplida. Estoy conmovida de saber que el deseo más grande de Violaine se hará realidad. Sin embargo, toda esta historia también ha creado movimientos en mi cabeza y ha hecho que algunos recuerdos salgan de nuevo. Nada que ver con el caso de Violaine y su hijo, pero no puedo impedir pensar que yo también, de manera un poco distinta, viviré toda mi vida con el peso de mi odio hacia mi madre.

Le sonrío a Carl de despedida y me alejo llorando de su casa. Tengo urgencia de que empiece a hacer efecto el antidepresivo.

Cansada por mi encuentro con Carl, casi cancelo mi visita al hospital, pero quiero darle la buena noticia a Violaine en persona. Su alegría seguramente me dará un poco de energía.

Llego a la estación de metro de Longueuil y tengo que esperar diez minutos el autobús. Aprovecho para meterme un rato al Facebook. Al abrir mi teléfono, me doy cuenta de que tengo un mensaje en mi buzón y me apresuro a escucharlo. Es una representante del organismo *Renaître*. Me dice que le cancelaron una cita y tiene lugar para mí mañana por la tarde. Me estoy tomando muy en serio el manejo de mi trastorno de ansiedad, así es que no quiero perder el tiempo. Cuanto antes empiece mi terapia, más rápido habré recuperado el control de mí misma. No, no de mí; de la que está al otro lado del espejo. Me apresuro a llamarle antes de que le ofrezca el lugar a alguien más. "¿Dos y media? ¡Sí, perfecto! Ahí estaré. Gracias." Ya hice algo bueno y mi fin de semana ha sido muy productivo. Ahora tengo que concentrarme en Violaine.

El autobús ya está aquí. Tengo mucha prisa por llegar, afortunadamente el trayecto es bastante corto. Me bajo frente al hospital tan solo cinco minutos más tarde. Temo que Violaine haya empeorado mucho desde la última vez que nos vimos. Después de todo, ya pasaron varias semanas y Stéphane me advirtió que parecía estar muy debilitada. La recepcionista me manda al pabellón de oncología en el tercer piso.

En la recepción del departamento, me anuncio con la enfermera, misma que me indica el número de cuarto de mi amiga. Escucho una risa que proviene del fondo del pasillo.

Reconozco esa voz. Aunque está gravemente enferma, Violaine parece estar invadida por esa alegría de vivir contagiosa y que tanto le envidio. Me dejo guiar por las risas hasta la habitación trescientos cuatro. Violaine está en cama, efectivamente muy debilitada, pero sonriente, viendo un programa cómico en la televisión.

—¡Charlie! exclama en cuanto me ve cruzar la puerta.

Me apresuro a ir a su lado, ya que ella sería muy capaz de levantarse para venir a recibirme. Trato de ocultar la sorpresa que me causa el hecho de verla tan delgada (antes tampoco estaba nada gorda). Ella seguramente sabe muy bien que ha perdido mucho peso y no tiene necesidad de que yo se lo recuerde.

—¡Te ves muy bien! me dice con un aplomo que contrasta totalmente con su estado físico.

—Tú también, te ves bien… a pesar de las circunstancias.

Metí la pata. Pero, ¿qué más hubiera podido responderle? Sé muy bien que espera con impaciencia que le cuente cómo me fue cuando fui a ver a su hijo.

—Después hablaremos de mí, Violaine, porque, por ahora, tengo una buena noticia que darte.

Sus ojos se llenan de lágrimas a una velocidad vertiginosa y una gran sonrisa aparece en su rostro. La luz de su mirada me hace olvidar completamente que está enferma. Parecería que acabo de sumergirla en la fuente de la juventud. Me gustaría ser ingenua como para creer que lo que voy a contarle hará desaparecer su cáncer y sus metástasis.

—¿Aceptó venir a verme? pregunta llorando de felicidad.
—Sí...
—¡Cuéntame cómo fue por favor!

Le resumo mi visita sorpresa a casa de Carl al mismo tiempo que me trago el nudo que traigo en la garganta. Está tan contenta; espero que su hijo cumpla su palabra. Si no fuera así, seguro la mataría... antes que el cáncer.

—Debe venir mañana a verte.

Tengo ganas de decirle que creo en su sinceridad, pero me abstengo para evitar crear demasiadas expectativas. No importa, ya es demasiado tarde. La esperanza ya se propagó en ella y, de alguna manera, la ha reanimado.

—Simplemente no hay palabras para decirte hasta qué punto estoy agradecida contigo, Charlie.
—No necesitas decir nada. Puedo verlo... y me da mucho gusto.

Cuando bajan un poco las emociones, voy a la cafetería por un sándwich y regreso a comérmelo con Violaine. Pasamos el resto de la tarde platicando. Tengo mucho que contarle sobre las últimas semanas.

Regreso a mi casa y les digo a mis padres-tutores que no voy a cenar con ellos y que ya me voy a acostar.

—¿Todo bien, Charlie? pregunta Nathalie.
—Sí, sí. Muy bien. Solo estoy muy cansada. Tuve un día lleno de cosas.
—Muy bien. Te guardaremos un plato en el refrigerador por si cambias de idea.
—Gracias.

Apenas puedo poner mi despertador y acostarme de tanto sueño que tengo.

CAPÍTULO 11

Un sonido agudo sale de alguna parte. No. Tal vez del cielo. Es como si el sol se hubiera convertido en bocina. Estaba tan bien caminando en la playa con la puesta del sol, ligera y tranquila como casi nunca lo había estado.

Abro los ojos lentamente y me doy cuenta de que mi despertador acaba de arrancarme de mi sueño. Un poco somnolienta todavía, trato de recordar lo que pasó. La playa… la puesta de sol… ¡sí! Estaba en el mismo lugar que en mi pesadilla, salvo que esta vez, nadie vino a opacar mis emociones con su presencia. Estaba sola.

Esta mañana me siento distinta. Tengo la sensación de ser una persona nueva. Más serena. Sé muy bien que esto solo es una impresión y que mi TAG no se evaporó durante la noche como por arte de magia. No importa. Por una vez que un pensamiento positivo toma el control, no voy a rechazarlo a propósito. Tal vez soy ingenua al pensar que estaré bien y que lograré manejar mi ansiedad de mejor manera, pero lo necesito. La famosa línea blanca de la que tanto me ha hablado mi psicóloga parece hacerse más grande.

De pronto, me invaden unas ganas de tocar la batería. Es la primera vez que pienso en eso al levantarme. A veces he tocado en la escuela en clase de música, pero hace al menos tres meses que no toco la mía. Justamente estaba pensando que debería de tocar más seguido. No importa. Precisamente ahora tengo una intensa necesidad de golpear la piel de mis tambores y tocar los platillos hasta romper las baquetas. Este impulso normalmente me viene cuando me invade la negatividad y cuando tengo demasiadas emociones por sacar. Lo cual no es el caso esta mañana. No sabría explicar bien cuál es el motivo; quiero tocar, ¡eso es todo! Me pongo una camiseta y los pantalones de mi pijama y salgo de mi recámara con un paso demasiado decidido como para una chica que se acaba de levantar.

—¡Buenos días, Charlie! dice Nathalie.

Estaba tan metida en mí misma, que ni cuenta me di de que estaba sentada en la mesa de la cocina.

—Ah… ¡hola! Lo siento, no te vi. Iba… a tocar la batería. ¿No te molesta?

—¿Un domingo por la mañana?

—Sí… ya sé, me dieron ganas cuando me levanté.

—Ok. Pero… ¿hay algo que te esté molestando?

—¡No, no! Al contrario.

—Bueno… ¿podrías poner las almohadas para atenuar un poco el ruido? Es que apenas son las diez de la mañana.

—Sí, sin problema. ¡Gracias!

Bajo los escalones hacia el sótano a toda velocidad, pongo las almohadas silenciadoras en los platillos y los tambores y me siento en el banco. No necesito ponerme tapones, no hay posibilidades de volarme los tímpanos con esto.

Empiezo con un ritmo lento para calentar un poco. Me cuesta trabajo seguir mi propio ritmo. Es verdad que llevo algo de tiempo sin tocar, pero no es solo eso. Tengo la costumbre de tocar rápidamente. Los *blast beats* siempre han ido junto con mis estados de ánimo: nerviosos, rápidos y tensos. Aumento la cadencia… aunque no tengo ganas realmente. Quiero ver cómo reacciono a la intensidad.

Voy todavía más rápido.

Todavía un poco más.

Enlazo los golpes a toda velocidad. Habitualmente, los ritmos rápidos hacen que me suba la adrenalina y adoro esa sensación. Pero hoy no. Paro de tocar de pronto con un último golpe de platillo y miro fijamente mi batería durante algunos segundos. Para ser exacta, el pedestal de mi tambor. La pieza metálica redondeada me arroja una imagen súper deforme de mi cara. Mi boca se estira a lo alto. Literalmente tengo la sonrisa estirada hasta las orejas… y las orejas llegan hasta el techo. Estallo con una carcajada ante esta otra yo que no tiene nada que ver con la que vi en el espejo del CHSLD.

Me siento muy bien esta mañana. Liberada. Tengo prisa por encontrarme esta tarde con la representante. Por instinto, empiezo a tocar en los tambores de mi batería (o más bien en las almohadas silenciadoras). El ritmo que ejecuto es mucho más lento que el anterior. No logro seguir un ritmo todavía. Para mí, mantener una cadencia lenta requiere de un mayor esfuerzo: es igual que con mis pensamientos.

Vivir con mi ansiedad es un poco como dominar un instrumento de música: controlar lo que pasa en mi cabeza no ocurrirá de la noche a la mañana, y seguramente necesitaré una guía para poder desarrollar mis habilidades. Pero llegaré algún día. Por ahora, toco la batería. Me equivoco. Vuelvo a empezar.

┳

Christian me ofreció llevarme a mi cita al centro *Renaître*, pero le dije que no. Sé que me lo propuso sobre todo para acompañarme y para demostrarme su apoyo. Me dio mucho gusto, sin embargo, quiero hacer todo esto yo sola. El organismo está a tan solo unos pasos de una estación de metro, por lo que podré llegar fácilmente por mi cuenta.

Al llegar, siento un poco de angustia. Dudo antes de empujar la puerta de entrada. Lo que me tiene ansiosa no es mi cita; sé muy bien que estas personas no van a juzgarme. Y aunque ya haya hecho algunas cosas para ayudarme, esta etapa me parece como más oficial. Es fácil tomar medicamentos. Eso ocurre entre una píldora, un vaso de agua y yo. Pero aquí estoy a punto de involucrarme en algo más serio a mediano plazo con muchas personas que no conozco. Me asusta. Lo que es realmente estúpido es que, sobre todo, tengo miedo de tener miedo.

¡MIERDA, CHARLIE!!! ¡Empuja la maldita puerta y acaba con esto de una vez!!!

Me obligo a obedecer antes de que la angustia se extienda dentro de mi cabeza. Es ahora o nunca. Si retrocedo, sería una derrota que no me puedo permitir.

Después de anunciar mi llegada con la recepcionista, me siento y compruebo de pronto que mi ritmo cardiaco aumenta. Es ridículo tener tan poco control sobre una misma. Tengo que distraerme. Pronto, leer, moverme, oír música. Cualquier cosa podría ayudarme a romper la escalada de pensamientos que me causan ansiedad. Tomo una revista que está frente a mí. La portada dice con letras grandes: "ansiedad: el problema de salud mental más común en Quebec." Mala idea.

Veo una revista de chismes un poco más lejos sobre la mesa: "La dieta de la cantante Milley Cyrus." ¡Perfecto! Esto es justo el tipo de estupideces que necesito. Es simple, ligero e insípido. No hay que pensar mucho y es un excelente remedio contra la ansiedad.

Apenas tengo tiempo de leer las tres primeras frases cuando una voz me llama.

—¡Hola, Charlie!
—¡Ho… hola!
—Me da gusto conocerte. Soy Corinne. Hablamos brevemente ayer por teléfono.
—Sí, encantada.
—Sígueme por favor. Vamos a mi oficina.

Corinne tiene más o menos treinta años. Mi primera impresión es que me gusta su energía. La gente calmada y bien plantada generalmente me sienta bien. Supongo que debe ser un pre-requisito para ser consejera de personas con ansiedad.

—Puedes sentarte. ¿Quieres algo de tomar?
—Un vaso de agua, por favor.
—¡Perfecto! Regreso en treinta segundos.

Instintivamente reviso toda la habitación. Necesito familiarizarme bien con los lugares para sentirme segura. Corinne regresa a la oficina y me da mi vaso de agua. Esta mujer transmite algo especialmente tranquilizador.

—Entonces, dice mientras toma su lugar detrás de su escritorio, ¿cómo estás?

Su pregunta me sorprende un poco. En realidad, es sobre todo el hecho de que la haya elegido para romper el hielo. Hace apenas dos minutos que la conozco y lo primero que me pregunta es cómo estoy. No puede esperar una respuesta demasiado profunda. Por suerte, voy más o menos bien (a pesar del aumento de angustia que acabo de vivir), entonces no tengo que mentirle o que explicar el porqué de mi estado.

—Estoy bien, gracias.
—Genial. Dime, ¿qué te trae por aquí?

No sé cómo lo hace, pero, desde que estoy en su presencia, mi angustia ha desaparecido casi por completo. No es lo que dice, sino cómo lo dice. Jamás me había sentido en confianza tan rápido. Parece ser que tiene experiencia. Evidentemente no soy la primera "etiquetada" que conoce.

—¿Qué me trae aquí? Eh… no sé bien por dónde comenzar.
—Hazlo como lo sientas. En orden o en desorden. No importa. No tengo prisa.
—Ok… siempre he estado bastante angustiada y luego, desde hace algunos meses, mi doctor me diagnosticó oficialmente con trastorno de ansiedad generalizada.
—¡Bienvenida al club! Yo también tengo ese diagnóstico hace algunos años, me dijo.
—¡Ah, ¿sí?! respondo sorprendida. No parece…

Eso tal vez explica por qué tengo la sensación de que me comprende tan bien.

—Quizá te resulta difícil de creer en este momento, pero te garantizo que se puede manejar. Con el tiempo, con ayuda, estrategias y un poco de paciencia, aprendemos a controlar y a prevenir la mayoría de los síntomas.

—También con los medicamentos…

—Así es. Los tratamientos farmacológicos son muy eficaces. Sobre todo, al principio. Hay veces en que algunas personas tienen que tomarlos por más tiempo y, en los casos más graves, toda la vida, pero eso es más raro. ¿Sería muy indiscreto si te pregunto si tú tomas alguna medicina?

—No, está bien, lo acepto. Justo acabo de empezar. De hecho, de volver a empezar.

—Ya veo. ¿La primera vez también fue para tratar tu ansiedad?

—No. Bueno, un poco. Sobre todo, para mi depresión.

Puedo ver en su cara que le gustaría que le explicara mejor. Lo cual haré sin dudar. Me tomó varios meses poder confiar en mi psicóloga, aun cuando ella me agradaba mucho. Pero, con ella es diferente. A este ritmo, va a saber más sobre mí en una hora que Marie-Christine en tres años.

Corinne me deja hablar y, por momentos, me hace algunas preguntas. Le hablo un poco de mi infancia, del suicidio de mi padre, de mi depresión, de mi amistad con Violaine y de mis crisis de angustia. Me pregunta acerca de la intensidad y la frecuencia de mis crisis, así como de los métodos que uso para ayudarme a vivir mejor con las mismas. Cuarenta y cinco minutos después del principio de nuestra reunión, me habla de las posibilidades de ayuda que ofrece el organismo para el cual trabaja.

—Necesitaba saber más acerca de ti para comprender mejor tus necesidades. Has sido muy generosa. Gracias. Cuando nos contactaste, ¿fue especialmente para las terapias de grupo?

—Pues… sí. El doctor me habló de ustedes.

—Hizo bien. Si te pregunto esto, es porque podemos ofrecerte dos opciones: los grupos de apoyo o los talleres de autogestión.

—¿Cuál es la diferencia?

—Los grupos son en donde las personas vienen a hablar de lo que viven y a intercambiar con otros todo acerca de sus trastornos ansiosos. Los talleres son más específicos y abordan temas precisos que tienen que ver con la autogestión de la ansiedad.

—¿Como qué?

—Varía mucho de acuerdo con las necesidades de los participantes, pero se trabaja a menudo la evasión, la aceptación, la relación con el entorno, y, a medida que las semanas avanzan, cada uno va desarrollando técnicas para ayudarse. Si prefieres integrarte a un grupo de apoyo, también está muy bien. Personalmente, tengo la impresión de que los talleres serían más eficaces y adecuados para ti.

—¿Habrá gente de mi edad?

—Armamos los grupos de acuerdo con las edades de los participantes. Entras en la franja de dieciséis a veinte años. Hay grupos de cinco a doce personas.

—Ok. Creo que preferiría probar con los talleres.

—Excelente. De todas maneras, podrías cambiar sobre la marcha si no te sientes a gusto.

—¡Vendido!

El taller de introducción será el próximo miércoles por la noche. Se titula "conoce mejor tu ansiedad". Estoy convencida de haber hecho una buena elección. Confío en Corinne.

Termina la reunión y me da lo que se conoce como un "diario de ansiedad", en el que tendré que tomar notas sobre mis aumentos de angustia o de mis eventuales ataques de pánico: los elementos que las detonan, la intensidad y los medios utilizados para frenar el aumento.

—Es un instrumento muy eficaz. Te permitirá comprender mejor los mecanismos de tu trastorno. No es una solución mágica, pero, a mediano y largo plazo, de ayudará muchísimo.

Su optimismo me hace mucho bien. Como dijo, con el tiempo y las estrategias correctas, lograré recuperar el control.

T

Recostada en mi cama, tengo dificultades para conciliar el sueño. Pienso de nuevo en mi fin de semana repleto de emociones. Hubo muchas ocasiones en las que pude tener una crisis de angustia y, sin embargo, logré reprimir la mayoría de los pensamientos negativos que amenazaban con salir a cada momento. Siento que voy por el buen camino.

Tengo que dormir si quiero estar bien mañana. Pongo mi despertador y me acuesto de lado para abrazar un cojín. Eso siempre me ayuda a dormirme. Me siento un poco más segura.

En cuanto cierro los ojos, unas imágenes vienen a mi mente. Repaso cada segundo del… ¡Violaine! Se me había olvidado completamente que hoy iba a ver a su hijo. Debí llamarla para saber cómo le fue. El pequeño hámster al interior de mi cabeza corre adentro de su rueda y sabe muy bien que no puede parar de correr de golpe, ya que la inercia lo lanzaría. Solo hay dos opciones: desacelerar poco a poco hasta detenerse por completo (esperando ser suficientemente ágil como para no tropezar durante la maniobra), o simplemente continuar su carrera desenfrenada hasta cansarse. Claro que es inagotable y no tendría ningún inconveniente en hacerme pasar la noche en blanco si no encuentro la manera de tranquilizarlo. Doy vueltas en mi cama durante casi treinta minutos y mis pensamientos negativos empiezan a ocupar un lugar cada vez más importante. Ignoro el camino que he recorrido mentalmente para llegar hasta aquí, pero ahora estoy reflexionando al mismo tiempo acerca del ataque de pánico que tuve en el vestidor de la escuela. ¡Seguro me vi como una auténtica loca! ¿Cómo pude evitar el juicio de los demás? Aunque mis compañeros de clase no me hayan dicho nada al respecto, eso no quiere decir que no lo comenten entre ellos.

Deliro completamente. Todo esto es irracional. Salto de mi cama y me siento en mi escritorio para tomar notas en mi diario de ansiedad. Ya que voy a pasarme la noche en vela, será mejor que me aporte algo. Cada página contiene una sección que tengo que llenar, para ayudarme a hacer memoria. Eso me facilita la tarea porque, en este momento, me parece muy difícil recordar lo que tengo que anotar.

Diario de ansiedad

Fecha: 13 de febrero de 2015

1.Elemento detonador: No puedo dormir. Pienso demasiado. Al principio no son cosas malas, pero, una cosa lleva a la otra y me desvío. Me acuerdo de una vez que tuve una crisis delante de todas las chicas de la clase y que parecía una loca furiosa. Me angustió mucho volver a pensar en eso y allí fue donde ya no pude apagar el *switch*.

2.Intensidad (¿estable o va aumentando? ¿Leve, moderada o violenta?) Va en aumento de leve a moderada.

3.Medios utilizados para frenar la escalada: Tratar de pensar en otra cosa. No funcionó. Hasta se puso peor. Luego de media hora de estar dando vueltas de un lado a otro en mi cama, decidí venir a escribir en este diario. No creo lograr dormirme pronto. Tengo que encontrar otra cosa. Creo que voy a ir a leer. Eso tal vez me ayudará a no pensar demasiado.

Cierro mi cuaderno y voy a mi biblioteca para tomar *Mathieu*, la famosa novela que Violaine ha leído varias veces. Enciendo la lámpara de mi mesita de noche, pongo dos almohadas, me recuesto y me meto debajo de las cobijas. La reseña despierta mi curiosidad. La historia de Mathieu Normand parece mucho más oscura de lo que me había contado mi amiga: un joven de aspecto desagradable, abandonado por su padre y que vive en un departamento sórdido al este de Montreal con su madre que lo detesta.

Abro el libro y comienzo mi lectura.

"Concentrado en su libro, Mathieu suspiraba suavemente, como un herido, como un enfermo, como alguien a quien no le molesta suspirar sin testigos. De pronto escuchó unas voces. Su madre y su madrina atravesaban el pasillo para venir a verlo."

Sigo leyendo hasta la madrugada, cautivada por la intensidad y el realismo del relato. Los temas son tan actuales, que olvido el estilo un poco anticuado (el libro fue publicado en 1949…). Si cambiaran algunas palabras que son demasiado literarias para mi gusto y algunos detalles que pertenecen al pasado, se podría pensar fácilmente que esta historia tiene lugar en nuestros días. A pesar de que es un chico y vive en otra época, tengo la impresión de comprenderlo perfectamente. Me quedo dormida finalmente cuando solo me faltan unas páginas para terminarlo.

En el libro, Mathieu es un hombre feo y amargado por la vida. Sin embargo, durante las dos breves horas que logro dormir, sueño que es feliz y extraordinariamente guapo.

CAPÍTULO 12

Pronto serán tres semanas de que empecé a tomar mis antidepresivos y, hace algunos días, me di cuenta de que mis emociones eran cada vez más estables. Había pequeños episodios de angustia aquí y allá, pero jamás hubieran llegado al punto de convertirse en ataque de pánico. También percibo que a menudo me siento feliz. Ese estado que antes consideraba como un lujo, progresivamente se está convirtiendo en algo normal.

Al día siguiente de la visita de su hijo al hospital, llamé a Violaine para que me contara ella misma cómo le había ido. Seguía muy abrumada por todas las emociones y no tenía energía para detallarme la visita, pero me dijo que había estado muy bien. Literalmente me invadió una ola de alegría. De hecho, creo que eso fue lo que desencadenó el efecto de mi medicamento. A partir de ese día, la curva comenzó a subir tranquilamente. Le prometí ir a verla muy pronto… y es justo lo que haré el próximo sábado. Otra visita sorpresa, para ser fiel a mi tradición. De aquí a entonces, tengo que concentrarme en mí misma.

Esta noche voy a mi tercer taller a *Renaître*. El tema: "la evasión". La semana pasada, al final de la sesión, Corinne nos pidió que reflexionáramos acerca de alguna vez en la que habíamos evadido una situación en lugar de enfrentarla. No pude encontrar una en especial. Tengo una tendencia a analizar demasiado cuando hay varias posibilidades.

Al salir de la estación del metro, mi teléfono sonó para indicarme que tenía un mensaje de Ariane.

"Sé que tienes una cena el próximo sábado por la noche, pero, si quieres venir a mi fiesta después, estaría *cool*. También puedes invitar a Marie-Joëlle."

Hay veces en que la elección surge por sí sola. Decliné la invitación la primera vez por temor a sufrir un ataque de pánico en su casa, delante de todos. Solo de pensar que podía ocurrir bastaba para causarme ansiedad. Ese es un ejemplo perfecto de evasión. Ya encontré una situación de la que podré hablar esta noche. Este taller me servirá; incluso hasta podría hacerme cambiar de opinión. Esperaré a volver a casa para responderle, en caso de que decida finalmente enfrentar mi temor. En el peor de los casos, se lo diré mañana en la escuela.

Soy una de las primeras en llegar. Si digo "primeras", es porque el grupo es femenino en su mayoría: ocho chicas y un chico. Parecería que los hombres tienen menor tendencia a buscar ayuda psicológica. Felicito mucho al que tuvo el valor de unirse a nosotras. No sé si tenga novia, pero, si fuera el caso, espero que no se ponga celosa. Si es soltero, se sacó la lotería, ya que varias de las participantes parecen interesadas en él. Es verdad que está bastante guapo (dieciocho años, alto, cabello castaño corto y un poco tímido), solo que yo no vine aquí a ligar.

Corinne empieza siempre el taller con cinco minutos de retraso para dar oportunidad a que los participantes platiquen y se relacionen. Todos estamos presentes salvo Kelly, la más veterana del grupo. Parece molestarse muchísimo desde que empezaron nuestras sesiones; no me extrañaría nada que haya decidido no regresar.

—Buenos días a todos. Vamos a empezar por una mesa redonda. Cuéntennos qué tal estuvo su semana en cuanto a sus niveles de ansiedad.

A pesar del ambiente de respeto y de apertura, todos nos sentimos un poco incómodos todavía y los relatos son bastante breves. De cualquier forma y aunque los eventos vividos son diferentes, en el fondo, las emociones son muy similares.

Nuestra asesora continúa con la presentación del taller: introducción sobre los mecanismos y los efectos de la evasión, actividad individual de reflexión y auto-análisis, dinámica de grupo para compartir resultados y luego, finalmente, presentación y consolidación de herramientas.

—La evasión es cuando el miedo nos impide realizar actividades que nos gustaría hacer. Es un mecanismo de defensa que nos protege a corto plazo, pero que a menudo se convierte en un impedimento en nuestras vidas. En vez de enfrentar una situación angustiante, es posible que decidamos abandonar un lugar, que inventemos una razón para no asistir o tratemos de distraernos para no pensar en aquello que nos da miedo.

La mayoría de nosotros esbozamos una sonrisa medio nerviosa. Corinne hace una descripción bastante atinada de lo que probablemente todos vivimos. Me reconozco tanto, que al mismo tiempo me dan ganas de reír y de llorar. Con el fin de ayudarnos a comprender mejor los efectos negativos de la evasión, nos presenta una tabla con dos ejes (X y Y, como en matemáticas). La altura tiene una graduación del uno al diez y representa la intensidad de la ansiedad. El otro eje indica el tiempo. Al principio, me cuestiono acerca de la necesidad de usar una gráfica. Es demasiado complicado para nada, me parece. Pero la curva que dibuja enseguida para mostrar la evolución del nivel de angustia, pronto me hace cambiar de opinión. La imagen facilita mucho mi comprensión.

Si lo resumo, cada vez que evadimos algo, la ansiedad baja de manera casi instantánea, lo cual nos anima a continuar ese mismo comportamiento. Salvo que, a largo plazo, la angustia sube cada vez más y más alto y el cerebro comprende que hizo bien en evadir, y que algo grave probablemente habría ocurrido si no lo hubiera hecho. Esto crea un círculo vicioso que se parece mucho al de la dependencia a las drogas. Para acabar pronto, cada vez que rehúyo una situación a causa de mis pensamientos irracionales, no solo no resuelvo el problema, sino que además lo vuelvo más grave.

El taller apenas comienza y de inmediato cambio de opinión. Seguramente será difícil pero ya lo decidí: iré a la fiesta de Ariane pasado mañana. Le diré que la cena para celebrar la (falsa) fiesta de Nathalie cambió para el día siguiente. Le diré a Marie-Joëlle que venga conmigo.

T

Ariane está tan contenta que hasta me parece sospechoso. Por suerte, rápidamente logré romper con mi razonamiento: mi temor era irracional, una vez más.

Estaba segura de haber tomado la decisión correcta… hasta que me mandó un mensaje un poco después de la comida. Me refugié en mi habitación para poner mis emociones por escrito.

Diario de ansiedad

Fecha: 3 de marzo de 2015

1.Elemento detonador: Acabo de enterarme de que Alexis estará mañana en la fiesta de Ariane. Me siento acorralada. Si cancelo, va a sospechar. Cuando estamos en la escuela, no me queda otra más que verlo, aunque haga todo lo posible para evitarlo. Hasta ahora todo ha marchado bastante bien, salvo una vez a la hora de la comida, mientras estaba con Ariane y vino a pedirnos fuego para encender un cigarro. Me saludó hipócritamente y yo le respondí de la misma manera, tratando de disimular mis temblores. Si voy a la fiesta, habrá grandes posibilidades de encontrarme con él en la misma habitación (y me veré forzada a hablar con él). Ya tengo miedo de tener una crisis, y será todavía peor si él está allí. La presencia de Marie-Joëlle seguramente ayudaría a calmarme, pero no puede ir porque va a ir al cine con su novio.

2. Intensidad (¿estable o en aumento? ¿Leve, mediana o violenta?): En este momento, diría que es de leve a mediana, pero estaba mucho más elevada hace apenas diez minutos… hasta que descubrí la posibilidad de encontrar una excusa para cancelar. Mi angustia puede aumentar si decido finalmente ir de todas formas.

3. Medios utilizados para frenar el aumento: Evasión. Funciona de maravilla. Lo malo, es que ahora ya sé que el problema se hace más grave a largo plazo. Enfrentar mi temor me ayudará a romper el círculo vicioso que mantengo desde hace algún tiempo, pero, en este momento, corro el riesgo de contribuir a que aumente mi ansiedad. Me siento un poco más estable gracias a mis antidepresivos desde hace algunos días, pero temo que no sea suficiente.

De pronto, tengo la impresión de estar desvalida, de no tener herramientas. Si en verdad quiero lograr auto-regularme, tengo que privarme de manera voluntaria del medio más eficaz: la huida. Van tres veces que escribo y borro un mensaje para Ariane en el que invento un pretexto de último minuto. Estoy segura de que no me creerá de todas maneras.

A menudo me pregunto si lograré ser esa que realmente quiero ser, a definirme por cosas distintas a mi ansiedad: "me angustio, luego soy", "evadir o enfrentar, esa es la cuestión". Esa es mi realidad, mi cuestionamiento existencial. Mi entorno puede ayudarme, pero jamás podrá hacer las cosas por mí. Tarde o temprano tendré que salir de mi zona de confort. Aquellos que quieren avanzar en la vida, inevitablemente tienen que tomar riesgos.

De pronto, una idea viene a mi mente. Tomo mi diario y agrego algunas palabras en la tercera sección: voy a ir a tocar la batería. Probablemente me ayudará a frenar la escalada y a aclarar mis ideas. Salgo de mi cuarto para pedir permiso a mis padres de hacer ruido.

—¿Les molesta si toco un poco la batería? Pondré los silenciadores.

—¡No hay problema! Estamos a punto de irnos. Nathalie y yo vamos a cenar en casa de unos amigos. Puedes tocar tan fuerte como quieras. ¿Te quedarás aquí esta noche?

—Sí. Pero tal vez mañana voy a una fiesta a Saint-Bruno.

¡Qué tonta! ¡¿Por qué dije eso?!

—Ah… dice Christian asombrado. ¿Estás segura de que… está bien que vayas?

—No te preocupes por mí. No estoy segura de ir todavía. Si voy, solo será un rato.

—Ok. ¿Vas y vienes en autobús?

—Sí. El último sale de Saint-Bruno a medianoche.

—No me gusta eso, que tomes el metro tú sola por la noche.

—Christian tiene razón, interviene Nathalie, no es muy seguro para una chica de tu edad andar paseando sola en el metro a la una de la madrugada. Pero, si de verdad quieres ir, yo puedo ir por ti, si quieres.

—Ok, qué amable. Pero como les dije, no es seguro que vaya. Mañana hablamos, ¡que tengan buena noche!

Termino la conversación y bajo a toda prisa para instalarme en mi batería. A pesar de tener permiso de mis tutores para tocar a todo volumen, pongo los cojines silenciadores en los tambores mientras espero que se vayan. También lo hago un poco por mí; para poder escuchar mis pensamientos. Hasta me pongo unos tapones, cosa bastante rara desde que comencé a tocar este instrumento. Tres o cuatro acordes más tarde, siento que mi celular vibra en el bolsillo de mis pantalones. Veo quién me llama. Si es Ariane, lo dejaré sonar hasta que mis cuerdas vocales tomen el control. La llamaré de nuevo cuando haya tomado mi decisión oficial.

La pantalla de mi celular muestra un número desconocido. Dudo unos segundos antes de responder, y finalmente contesto.

—Buenas noches. ¿Es Charlie? pregunta una voz de hombre un tanto temblorosa.

—Sí… soy yo.

—Soy Carl, el hijo de Violaine.

Mi corazón y mis pensamientos se enredan. No hay demasiadas razones para que me llame el hijo de Violaine. Y menos con ese nudo en la garganta. En ese momento, oigo que la puerta de la casa se abre y se cierra de nuevo. Nathalie y Christian se van a su cena. Tengo ganas de gritarles que se queden, que seguramente voy a necesitar su apoyo, pero me quedo inmóvil. Incapaz de reaccionar o de hablar.

—¿Sigues allí, Charlie?

Emito un sonido ahogado como respuesta. Es todo lo que puedo hacer en este momento.

—Yo… no sé bien cómo decirte esto… mi madre tuvo complicaciones. Una embolia pulmonar. Ella… no sobrevivió.

Me quedo paralizada de pies a cabeza.

—¿Charlie?

Las lágrimas comienzan a acumularse en mis ojos. Siento que una mezcla de ansiedad y rabia empieza a crecer dentro de mí. Debí hacerme caso y evitar involucrarme con una anciana a punto de morir.

—Lo siento, Charlie. Voy a organizar el funeral y sé muy bien que a mi madre le gustaría mucho que tú estuvieras presente. De hecho, a mí también.

Las lágrimas corren por mis mejillas y terminan su recorrido al estrellarse contra el plástico del silenciador que está en mi tambor. El ritmo es irregular.

Tic...

Tic, tic.

—Mi... mi madre me dijo que tú iluminaste el final de su vida. Quería darte las gracias. De su parte, y también de la mía. Temía ese encuentro con ella. De no haber sido por ti, probablemente nunca hubiera vuelto a verla con vida.

Tic, tic, tic.

Tengo un tornado de emociones dentro de la cabeza. La llamada me afectó mucho. Demasiado. Estoy devastada por el anuncio de la muerte de Violaine al mismo tiempo que profundamente conmovida por el reconocimiento de Carl. Su historia de familia no es la mía, pero hay varias similitudes. Hace que muchos recuerdos dolorosos salgan a la superficie y me enfrenta a mis propios demonios: mi odio hacia mi propia madre, mi miedo a involucrarme, a ser abandonada o rechazada, mis aprensiones frente al futuro...

Tic, tic.
Tic, tic, tic, tic.

Tengo que colgar. Estoy a punto de romper en llanto. Tengo que desahogarme en mi batería. Pero no puedo poner fin a la llamada así, sin decir ni una palabra.

—Yo… me dis… —balbuceo.— Tengo que… volver a llamarte. Lo siento.

Cuelgo antes de darle tiempo de responder. Lo esencial ya fue dicho. Volveremos a hablar pronto, pero no esta noche. Tiro al piso mi teléfono, quito los cojines silenciadores y golpeo lo más fuerte que puedo en mis tambores. Mis lágrimas siguen cayendo, pero el sonido quedó completamente apagado por los golpes. Unas astillas de madera se desprenden de las baquetas al contacto con la batería y vuelan en todas direcciones.

Ataco con violencia cada sección de mi instrumento. No quedará gran cosa cuando haya terminado de canalizar sobre mi batería todo el dolor que siento. Varias imágenes vienen a mi mente. Tengo que pegar más fuerte. Mis pensamientos negativos se mezclan y se superponen los unos con los otros, creando una confusión en mi cabeza: el hijo de Violaine encuentra a mi padre colgado: el padre de Carl golpea a mi madre; Violaine, demasiado ebria, cae en el piso del baño…

Tengo que tocar más fuerte. Debo destruir estas ideas, masacrarlas. Mi batería resiste mis agresiones repetidas y yo acabo por reventar. Me detengo bruscamente. Observo a mi víctima con furia mientras cambio la posición de mis baquetas. Las agarro al revés con fuerza y las clavo en cada uno de los tambores. Después de haberla destruido por completo, me dejo caer y me pongo a llorar.

Me quedo varios minutos en esa posición, al mismo tiempo que agoto mis lágrimas y mi energía. El cansancio finalmente se apodera de mí. Me despiertan los gritos de pánico de Nathalie, quien acaba de encontrarme en el suelo, tirada entre los escombros de mi batería.

T

La última noche, tuve un sueño muy extraño. A decir verdad, no sé bien si se le puede llamar realmente sueño. Fue más bien como un estado de ánimo. O un estado simplemente. Es difícil de describir, como una especie de ruido blanco; parecido al que se escucha cuando hay "nieve" en un viejo aparato de televisión. Como si mi cerebro hubiera sintonizado una estación sin señal. Nada. No soñé. No había nadie y simplemente no pasaba NADA. Ni un carajo. Solo un ruido de fondo constante.

Jamás me había sentido así. Quiero decir: Nunca me había experimentado a mí misma de esta manera. Lo cual resulta bastante extraño, porque ese "sueño" correspondía a la imagen que me había hecho de aquello que llaman la nada. Y, sin embargo, yo estaba allí. Al menos mentalmente. Incluso ocupaba mucho espacio. Es absurdo y a la vez lleno de sentido.

No sé si esta extraña experiencia tenga alguna relación con la muerte de Violaine, pero, esta mañana, tengo la sensación de que algo en mí ha cambiado. De manera positiva. Tengo la impresión de tener una piel nueva. Me recuerda a una clase de la materia ciencia y tecnología, en la que el profesor nos habló de la importancia del cambio de piel de las serpientes para su crecimiento y su desarrollo. La muerte de mi amiga me afecta, sin embargo, a pesar de mi crisis de anoche, me sorprendo a mí misma pensando que, de cierta manera, era un mal necesario. Era el golpe que necesitaba para arrancar de nuevo mi cerebro desde cero e instalar las actualizaciones en mi cabeza.

No pude impedir la muerte de mi vieja amiga; no tenemos ningún control sobre ese tipo de eventos. Tengo que enfrentarlo. Tal vez por eso se le llama "fatalidad". Muy a mi pesar, me doy cuenta de que también puede haber cosas positivas en ciertas pruebas.

Impulsivamente salto de mi cama y salgo de mi habitación: me encuentro a Nathalie sola en la cocina, leyendo un artículo en el periódico.

—¡Hola! Digo con aplomo.
—Buenos días… ¿estás bien? me pregunta un poco perpleja ante mi estado de ánimo que contrasta con el de la víspera.
—Sí. En todo caso, mejor de lo que hubiera pensado. Quería saber si tu oferta sigue en pie. Para recogerme en Saint-Bruno.
—¿Quieres ir a la fiesta? Charlie… no estoy segura de que sea una buena idea, luego de lo que pasó anoche. Todavía estás un poco inestable.
—Me caerá bien distraerme. Además, deberías de estar contenta de que me sienta mejor hoy.
—Sí lo estoy, Charlie. Solo quiero asegurarme de que estás haciendo la elección correcta.

—¿Cuál es la elección "correcta"? Puedo tener una crisis, es cierto. Pero tengo ganas de arriesgarme. Quiero enfrentar mis temores.

Nathalie me observa unos instantes visiblemente sorprendida. No puede negarme el favor y menos después de todo lo que ha pasado en los últimos meses. Sobre todo, luego de lo que acabo de decirle. ¿Cómo puedo lograr superar mis temores si mi "madre tutora" contribuye a alimentarlos?

—¡De acuerdo! agrega finalmente. Te llevaré e iré a recogerte. Puedes llamarme cuando quieras si no te sientes bien.
—¡Gracias, Nath!

Es la primera vez que la llamo Nath. Las cosas han cambiado desde que llegué a esta familia. Cada vez es más evidente… y es muy reconfortante.

Tengo un solo objetivo para esta noche: vivir un momento positivo. Y, para lograrlo, decido escribir un mensaje a Ariane para expresarle mis inquietudes. Sobre todo, acerca de Alexis. Como ella sufre de lo mismo, creo que podrá comprenderme.

T

Camino a la fiesta, siento que la ansiedad está presente y que intenta estallar. Sin embargo, no lo consigue. La mantengo en un margen aceptable, como cuando tomaba ansiolíticos, salvo que esta noche puedo hacerlo yo sola. Bueno, es verdad que los antidepresivos también ayudan en algo, pero es un trabajo de equipo. La respuesta de Ariane también es de gran ayuda: promete no abandonarme y hacer todo lo que esté en sus manos para que pase una linda noche. Eso me tranquiliza mucho.

Decido no tomar alcohol para no perder el control y no repetir los mismos errores que en casa de Alexis. Y ni hablar de hacer lo mismo que hice con él. De hecho, no habrá ningún contacto físico con nadie.

Veinte minutos después de haber salido de Montreal, llegamos a la zona en donde vive Ariane. Temo que sus invitados me vean salir del automóvil de Nathalie. Por lo tanto, le pido que me deje en la esquina de la calle. Es estúpido, lo sé, pero necesito limitar todo lo que podría aumentar mi ansiedad. De todas formas, me hará bien caminar un poco y tomar algunas respiraciones profundas.

—¡Diviértete! sugiere Nath.
—Lo prometo, respondo con un guiño.
—¡Me llamas a la hora que sea!

Salgo del automóvil, feliz al darme cuenta de que estoy mucho mejor rodeada de lo que pensaba.

Al cabo de algunos pasos, el recuerdo de Violaine me viene a la mente. Durante un instante, me sorprendo a mí misma imaginando que ella va a velar sobre mí esta noche. ¡Es absurdo! Jamás he creído en espíritus, en ángeles o en almas que hacen en bien. ¡No! Violaine no me estará mirando desde las alturas (o desde donde sea que esté). Ella ya hizo lo que tenía que hacer para ayudarme. El resto me toca a mí.

Hubiera pensado que mi ansiedad aumentaría a medida que me acercara a la casa de mi amiga, lo cual no fue el caso en absoluto. Estoy nerviosa, es cierto, salvo que mi estado es estable y completamente soportable. Al llegar a mi destino, me encuentro con Alexis saliendo de su automóvil. De forma espontánea, lo veo y… le mando un entusiasta saludo.

—Uuh… hola, Charlie, responde ligeramente asombrado. ¿Estás bien?

—¡Súper bien! Gracias, ¡que tengas buena noche!

—Sí… tú igual.

—¡Por cierto! De paso, un consejo: si te llevas a tu casa a una chica demasiado borracha esta noche y ella te la chupa, trata de no metérsela hasta el fondo de la garganta para no hacerla vomitar.

No sé cómo logré decirle eso sin titubear, pero me hizo un bien inmenso. Toco la puerta de la casa (esta es un poco más modesta que las demás que he visitado) y una ilustre desconocida bastante alegre (del tipo ligeramente afectada por el alcohol) viene a abrirme.

—¡Hola! ¡Bienvenida, y no te conozco!

Entro a la casa con una seguridad que ignoraba tener en busca de mi amiga. A pesar de un ligero nerviosismo en el fondo, estoy casi bajo control.

—¡CHARLIE! grita Ariane al verme. Estoy verdaderamente contenta de que hayas venido. Ven, voy a presentarte a mi prima. Ella también vive en Montreal.

A partir de esta noche, me rehúso a permitir que la ansiedad me pudra la existencia. Me rehúso a que esa "otra yo" domine mi vida. Soy Charlie Pépin, una chica que quizá siempre se preocupará un poco más de la cuenta, pero que enfrentará sus temores en lugar de evadirlos.

EPÍLOGO

"¡Cha! Rémi y yo vamos esta noche a Montreal a tomarnos unas cervezas. ¿Vienes con nosotros? Te ayudará a distraerte."

Marie-Joëlle tiene razón, me hará bien salir un poco. Hoy es un día especial: hace cinco años que mi padre se suicidó. Pero no estoy tan triste como los años anteriores. Por primera vez desde hace mucho tiempo, me siento tranquila. Este aniversario será un día triste siempre. Seguirá reviviendo mis peores recuerdos. Sin embargo, con el tiempo y gracias al apoyo de ciertas personas que se han cruzado por mi camino, creo estar en el camino correcto para hacer las paces con esa etapa de mi vida.

La muerte de Violaine fue una verdadera descarga eléctrica; el golpe de gracia que me obligó a buscar más profundamente en mi interior para seguir adelante en el proceso de gestión de mis angustias. Tuve que hacer toda una mudanza en mi cabeza; un verdadero desastre para desenmarañar. Los talleres de manejo de ansiedad combinados con mis sesiones de terapia, me permitieron crecer y tener herramientas para el futuro.

"¡Buena idea! Me apunto. Gracias, amiga. :) "

Llamé a Carl dos días después de que me anunció la muerte de su madre. Invadida por la tristeza y por el miedo, dudé antes de aceptar su invitación al funeral de Violaine, pero la fiesta de Ariane me dio una buena dosis de confianza para afrontar este duelo. Estaba enojada conmigo misma por haberme involucrado con una persona que, incluso sin quererlo, tarde o temprano me abandonaría. Ese momento difícil me permitió vivir una segunda victoria en mi lucha contra la evasión. Desde ese día he perdido algunas batallas, pero he ganado la mayoría.

"Aprovecha para invitar a tu famoso Théo. Ya podrías presentárnoslo, hace tiempo que hablas de él. ;) "

Pasaron varios meses y finalmente nos mudamos a Saint-Bruno. Honestamente, me aclimaté mucho mejor de lo que me había imaginado. Estudio humanidades en la universidad desde hace un año y, hasta la fecha, todo va de maravilla. Incluso conocí a un chico en la clase de música y salimos juntos desde hace más o menos tres meses. Prefiero no apresurar las cosas:

todavía es muy pronto para saber cómo evolucionará nuestra relación, pero, al menos, le interesan otras cosas aparte de mis senos y no solo quiere sexo. Además, es guitarrista y sueña con crear un grupo de metal pesado. A veces nos imaginamos juntos en la misma banda, recorriendo el mundo en una gira. Nos causa mucha risa pensar que podemos ser estrellas de rock.

"Esta noche trabaja. ¡Pero prometo presentártelo muy pronto! :p "

Poco a poco, mi ansiedad empezó a hacerse menos "generalizada". Todavía tengo algunas subidas de angustia, pero son menos frecuentes, menos intensas y aprendo a controlarlas tranquilamente… aunque también estoy muy consciente de que es probable que nunca me deshaga por completo de este TAG. Por ahora, me enfoco en mis pequeñas victorias: no he tomado ni un solo ansiolítico desde hace un año y medio. La semana pasada mi médico me dijo que existe la posibilidad de disminuir progresivamente la dosis del antidepresivo cuando me sienta preparada. Aunque no estoy cerrada a la idea, prefiero esperar todavía algunos meses para estar más estable y tener más logros. He entendido que, para poder avanzar, tengo que hacer las paces con los recuerdos de la muerte de mi padre y los de las crisis nocturnas de mi madre. Eso ayudará a que mi línea blanca se haga cada vez más grande.

"Ok. Puedes invitar a Ariane."
"Sí. Le mando un mensaje para preguntarle."

Nunca había sido tan feliz ni había estado tan bien acompañada. Tengo la esperanza de que, muy pronto, el blanco ocupará tanto espacio que no quedará más que una pequeña línea negra.

De hecho, para dejar entrar más luz a mi vida, empecé a escribir una carta la semana pasada. Está dirigida a una persona en particular: mi madre (biológica). Marie-Christine cree que tendrá un efecto liberador poner esas emociones en papel. Todavía no sé si tendré el valor de hacérsela llegar a su destinatario, pero, por ahora, el simple hecho de escribirle me hace mucho bien.

"¡Perfecto! ¿A qué hora quieres que pasemos por ti?"

"Tengo algo que terminar antes. ¿Te parece bien a las 8:30?"

"¡*Good*! ¡Hasta pronto!"

Hoy es un día triste, solo que decidí hacerlo un poco más alegre.

Esta noche, me divertiré con mis amigas, pero, antes, voy a ponerle punto final a esa carta dirigida a mi madre. Espero poder al fin dar vuelta a la página… para poder escribir una nueva.

FIN

Advertencia final

Tener miedo de todo y de nada. Tener miedo de tener miedo. Imaginar los peores escenarios posibles y angustiarse ante la idea de que se hagan realidad. Creer tanto en ellos que terminan por hacerse realidad. Más bien, provocarlos. Interpretar la realidad en función de lo que se teme. Es lo que se conoce como profecías auto cumplidas. Bonito, ¿no? El nombre, y no el fenómeno, es lo que hace referencia a la ansiedad.

Algunas veces, este miedo se vuelve tan invasor que nos paraliza, nos impide concentrarnos en la escuela, aprovechar los momentos con amigos, hasta salir de nuestras casas por temor a que "algo pase". Y empezamos a evitar ciertas (muchas) situaciones, a darles la vuelta, a quedarnos encerrados, a anticipar. Es en ese momento, aunque idealmente antes de que ese momento llegue, cuando deberíamos de buscar ayuda.

Yo mismo, cuando era joven, hubiera necesitado la ayuda de un profesional. Desafortunadamente, en esa época no tan lejana (estamos hablando de los años 90's), no existían ese tipo de servicios en las escuelas. ¿No te va bien en clase? "Ve a hablar con el director." Por fortuna, las cosas han cambiado; hay trabajadoras sociales, psicólogos educativos, pedagogos y especialistas que están allí para ayudar a los jóvenes a atravesar uno —o varios— momentos difíciles. Consultar a un profesional, tomar medicamentos, es todo menos ser débil. Al contrario, hay que ser verdaderamente fuerte para confesarse a uno mismo que necesita ayuda y, sobre todo, para aceptar esa ayuda. Sería fácil no cambiar, hacerse chiquito, conformarse y quedarse en ese viejo "patrón". Pero empezar y mantener un cambio… es todo un reto.

A veces, no nos atrevemos a dar el paso porque tenemos miedo. Tenemos miedo de los terapeutas, de que no nos entiendan, de que nos juzguen. Tenemos miedo de que nuestros amigos tengan las mismas reacciones que imaginamos en los terapeutas. Tenemos miedo de intentarlo y que no funcione. Nos desesperamos y preferimos quedarnos en lo conocido, aunque nos haga infelices.

Y, otras veces, tenemos miedo que sí funcione. De darnos cuenta de que aquello que creímos que era la verdad, en realidad era una deformación bastante oscura de la realidad. Y que estábamos equivocados. Y de que merecemos estar bien.

Porque sí, en efecto, merecemos estar bien. Y, sobre todo, se puede estar bien. Poco importa lo que hayamos vivido, nuestro pasado, nuestras heridas. Tenemos que darnos la oportunidad.

Este libro es un gran ejemplo, gracias a la atractiva Charlie y a su talentoso autor, Emmanuel Lauzon. Logra poner en palabras las cosas que todos sentimos, con mayor o menor intensidad. Da vida a los personajes que tienen temperamentos fuertes y caparazones duros. Logra hacernos ver más allá de la etiqueta, del tag de los personajes. Para que los lectores puedan también ver ellos mismos más allá de sus dificultades.

Deseo que ese haya sido su caso.

Stéphanie Deslauriers, psicóloga educativa.

Agradecimientos

¡Hay tantas personas a las que quiero agradecer! Primero que nada, a mi amada, Karolane Tanguay (quien cree en mí, incluso cuando ni yo creía), Aimée Verret (mi *coach* literaria), Sandy y Alexandra Pellerin, así como a todo el equipo de Editions de Mortagne.

También agradezco a mi amiga Marie-Christine Houde-Charron por sus valiosos consejos y su asesoría de psicóloga (No pude resistirlo, tenía que ponerle su nombre a la psicóloga de Charlie), al autor, Michel Langlois, quien generosamente me prestó su tiempo para ayudarme a desarrollar la estructura narrativa de este proyecto, aunque solo fuera con balbuceos, a la talentosa Chloé Varin, por sus buenas palabras y por su apoyo, y a Stéphanie Deslauriers, por su atinada advertencia final, a la cronista literaria, Sophie Lit, a todas las bibliotecas y escuelas que me invitaron a hacer presentaciones y conferencias y, finalmente, a TI, lector y lectora!

Me considero afortunado por estar rodeado de las maravillosas personas que constituyen mi familia (Claude, mi padre —feliz futuro abuelo— Isabelle, mi hermana y Paule, mi madrina) y de mis viejos amigos, con los cuales comparto tantos recuerdos (Marc-André Larouche, Simon-Étienne Ferland, Mélanie Bérard, Maude Ouellette-Racicot y Nathalie DeChamplain).

También quiero saludar a mis talentosos amigos autores: Chloé Varin, Edith Kabuya, François Bérubé, Stéphanie Deslauriers, Nadine Bertholet y Dominique De Loppinot.

Quiero agradecer de manera especial a mi amiga Amélie Bureau quien, además de ser una persona a la que aprecio y respeto enormemente, cambió el curso de mi vida cuando me presentó a la que me convertiría en un feliz papá.

RECURSOS

**Instituto Nacional de Psiquiatría
Ramón de la Fuente Muñiz**
Calzada México Xochimilco No. 101
Colonia San Lorenzo Huipulco, Tlapan,
Ciudad de México. C.P. 14370

Facultad de Medicina, UNAM
Circuito Interior, Edificio B, tercer piso,
Ciudad Universitaria, Ciudad de México, MX, 04510,
(52-55) 5623-2154

Clínica Nueva Vida
www.clinicanuevavida.com.mx/
Querétaro, tel. 01-442-8708683